Joachim H. Angerstein

So heilen Teebaumöle

MIDENA

von Eike zum 84. Geb.

Joachim H. Angerstein

So heilen Teebaumöle

Mit Rezepturen gegen
die häufigsten Beschwerden

MIDENA

Inhalt

Teebaum ist nicht gleich Teebaum. Es gibt 150 verschiedene Melaleuca-Arten.

Die naturbelassenen Öle finden in den verschiedensten Bereichen Anwendung.

Die heilende Wirkung der Teebaumöle lässt sich vielfältig nutzen.

Teebaumöle sind Mittel der ersten Wahl gegen Erkrankungen, die durch Viren, Bakterien und Pilze verursacht sind.

Vorwort

Ein gesünderes Leben ist ohne eine Rückbesinnung auf die Natur und ihre Gesetzmäßigkeiten nicht möglich, auch wenn uns die Industriegesellschaft krank machende Bedingungen aufzuzwingen scheint. Wir dürfen auf die Leben und Gesundheit spendende Kraft der Natur nicht verzichten, und es wäre sicher unklug, die Erfahrungen jahrtausendelangen Mühens des Menschen um ein gesundes Leben mittels natürlicher Kräfte nicht zu nutzen.

Als Vorgänger unserer heutigen Ärzte, Apotheker und Heilpraktiker erkannten bereits die Essig- und Ölkundigen vorbiblischer Zeiten die segensreichen Kräfte in Essig und Ölen. Von den Letzteren möchten wir Ihnen in diesem Buch das Teebaumöl näher bringen.

Ein phänomenal breites Wirkungsspektrum

Durch die Verarbeitungsverfahren bei der Gewinnung der Öle kommt es zu einer Konzentration der Wirkstoffe. Ein Liter Teebaumöl z. B. enthält die Wirkstoffe von bis zu einer Tonne kleiner Zweige und Blätter.

Es ist eine uralte Weisheit, dass sich die Lebenskraft der Pflanzen in den ätherischen Ölen in konzentrierter Form befindet, ebenso die meisten im Lauf der Evolution von ihnen entwickelten Abwehrstoffe. Teebaumöle nehmen dabei wegen ihres einmalig breiten Wirkungsspektrums eine Sonderstellung unter den ätherischen Ölen ein. Bei den meisten Erkrankungen vermögen sie Linderung, oft sogar Heilung zu schenken.

Mit der Wiederentdeckung der Teebaumöle wurden eine Reihe bisher verwendeter ätherischer Öle überflüssig. Darüber hinaus können einige besonders bewährte Öle in der Mischung mit den Teebaumölen noch Überzeugenderes bewirken. Eine gezielte Mischung gibt dem in der Naturheilkunde erfahrenen Behandler und dem interessierten Laien ein neues, leicht einsetzbares und besonders wirkungsvolles Therapeutikum für die meisten Alltagsbeschwerden in die Hand.

Aktiv auf zwei Ebenen

Teebaumöl wirkt auf zwei Ebenen. Einmal ist es – allerdings meist nur unverdünnt – gut gegen eine Reihe von Bakterien, Viren und Pilzen wirksam. Seine Hauptwirkung sehen wir jedoch in der unspezifischen wie auch der spezifischen Abwehrsteigerung. Sollte ein Teebaumöl einmal nicht die gewünschte Wirkung zeigen, ist davon auszugehen, dass ihm etwas in seiner Zusammensetzung fehlt oder beim Menschen selbst nicht die entsprechende Reaktionsfähigkeit vorhanden ist – oder dass falsch dosiert wurde. Deshalb: Bitte beherzigen Sie unsere Dosierungsempfehlungen.

Was Sie in diesem Buch erfahren

- Dieses Buch liefert Ihnen zunächst einige Hintergrundinformationen über die Teebaumöle.
- Sodann wird das vielfältige Anwendungsspektrum der Teebaumöle erläutert.
- Im Hauptteil gehen wir gezielt auf bestimmte Beschwerden und Krankheiten ein, die Sie anhand einer großen Zahl von Heilrezepten wirkungsvoll behandeln können.

Australischer Teebaum – der bekannteste der vielen Melaleuca-Arten. Sein Öl findet in der Laienmedizin die häufigste Anwendung.

Teebaumöl – das vergessene Wundermittel

Teebaumöl wurde zunächst in Australien bekannt und für seine hervorragenden Hautschutz- und Hautpflege-Eigenschaften geschätzt.

In der englischen oder gar der Heilkunde des europäischen Festlandes hat der Teebaum nie eine Rolle gespielt. 1817 bietet erstmals ein australischer Apotheker in einer Sydneyer Tageszeitung Teebaumöl als Heilmittel bei Schlangenbissen an, wobei die Frische der Bestandteile (Blätter, Rinde, Wurzeln) im Vordergrund steht. Erst 1920 entdeckt der Chemiker A.R. Penfold bei der Suche nach einem bakteriziden Stoff die in vielerlei Hinsicht hervorragenden Wirkungen der Inhaltsstoffe des Teebaumöls: Er nennt es Ti-Triol-Antiseptic Oil.

Wundversorgung – der erste Einsatz

Im Vergleich zur damals hauptsächlich für die Desinfektion verwendeten Karbolsäure konnte eine viermal stärkere Wirkung beim Teebaumöl festgestellt werden. Das Ti-Triol-Antiseptic Oil ist – wie Penfold beweist – Frischpflanzen und Kochauszügen überlegen, vor allem in Bezug auf die desinfizierende Wirkung. Eine Zeit lang wird deshalb das Öl als einprozentige Lösung Kühlemulsionen bei Metallbearbeitungsverfahren zugegeben. Dies geschieht mit dem Ziel, das Infektionsrisiko bei den häufigen Verletzungen von Arbeitern zu verringern. Dass diese Art der Behandlung weitgehend unproblematisch ist, wird durch zwei weitere wichtige Eigenschaften des Teebaumöls unterstrichen, die Penfold ebenfalls herausfand: Es ist nicht giftig, und es schont das Gewebe.

ERSTE HILFE IM ZWEITEN WELTKRIEG

Besonders positiv waren die Erlebnisberichte vieler australischer Soldaten während des Zweiten Weltkrieges. Die Erste-Hilfe-Ausrüstung einiger Truppenteile enthielt auch ein Fläschchen Australisches Teebaumöl. Da man jedoch Versorgungsprobleme bekam und ab Frühjahr 1944 nicht mehr die erforderlichen Mengen liefern konnte, kamen zunehmend die gerade neu entwickelten Antibiotika zum Einsatz.

Probleme beim Verbandswechsel

Einschränkend muss jedoch gesagt werden, dass bei der Versorgung größerer und vor allem tiefer Wunden mit Australischem Teebaumöl ein sehr häufiger Verbandswechsel erforderlich ist. Bereits nach fünf Stunden lässt die Wirkung des Öls nach.

Wird jetzt der Verband nicht sofort gewechselt und die Wunde gründlich gereinigt, so kann es vermehrt zur Entstehung so genannten wilden Fleisches – einer überschießenden Bildung von Narbengewebe – kommen. Ein Verband mit Antibiotika kann dagegen unter widrigen Umständen einmal einige Tage nicht gewechselt werden, ohne dass derartige Nachteile überhand nehmen.

Basierend auf den Untersuchungen Penfolds, experimentierte der australische Arzt E. M. Humphrey in den dreißiger Jahren mit einer Teebaumöl-Wasser-Mischung zur Desinfektion von Wunden. Die keimtötende Wirkung des Öls wurde später im Zweiten Weltkrieg zur Wundheilung der Soldaten genutzt.

Gängigen Antibiotika überlegen

Ist jedoch ausreichend Zeit für eine sachgerechte Wundversorgung, so führt die Behandlung mit dem richtigen Teebaumöl zu einer extrem schnellen und narbenarmen Heilung. Eine 1985 von der pflanzenheilkundlichen Abteilung der Pariser Universität veröffentlichte Studie belegt sogar die Überlegenheit des Teebaumöls gegenüber allen damals verwendeten Antibiotika bei der Wundbehandlung.

Die Entdeckung weiterer Anwendungsbereiche

Bis 1960 hört man wenig vom Teebaumöl. Dann tauchen vereinzelt Berichte von niedergelassenen Ärzten über Behandlungserfolge auf: Furunkel – bahnbrechend ist hier der Artikel von H. Feinblatt im »Journal of the National Medical Association« –, Scheideninfektionen, Fußpilzinfektionen, Karies und Zahnfleischerkrankungen und auch Blasenentzündungen werden unter klinischer Kontrolle mit Erfolg behandelt. Besonders interessant sind Berichte von R. Low von der Universität Queensland und L. Williams von der Maquarie-Universität in Sydney 1990. Es wird der eindeutige klinische und laboranalytische Beweis für die abtötende Wirkung auf verschiedene Bakterien, Viren und Pilze geliefert.

Nach einer 3-jährigen Reihenuntersuchung konnten die guten hautpflegenden und antiseptischen Eigenschaften des Teebaumöls bestätigt werden. Darüber hinaus ist Teebaumöl weder toxisch noch reizerzeugend.

Die wichtigsten neuen Erkenntnisse waren folgende:

Furunkel. Furunkel lassen sich mit Teebaumöl bei zweimaliger täglicher Anwendung im Verlauf einer Woche in 60 Prozent der Fälle vollständig ausheilen und zu 35 Prozent zumindest lindern.

Frauenkrankheiten. Die Behandlung mit Teebaumöl führt sowohl bei Trichomonadeninfektionen als auch bei Pilzerkrankungen (z.B. Candida albicans) und Entzündungen der Gebärmutter zur Heilung.

Fußpilzinfektionen. Fußpilz, Nagelbettinfektionen, Hühneraugen u.Ä. lassen sich bei regelmäßiger Anwendung von Teebaumöl lindern oder sogar heilen.

Zahn(fleisch)erkrankungen. Mit unverdünntem Teebaumöl lassen sich vereiterte Zähne, Entzündungen und Blutungen des Zahnfleisches wirkungsvoll behandeln.

Die Seeleute früher nahmen es mit der Botanik nicht so genau. Unter dem Motto »Hauptsache, es hilft« mussten im Lauf der Zeit mehrere Baumarten der Gruppe Melaleuca ihre Blätter und ihre Rinde für die Schiffsapotheke lassen.

Krankheiten in neuem Licht

Mit Teebaumöl eröffnet sich auch für die Behandlung der in letzter Zeit als Ursache von Arteriosklerose, Herzinfarkt und Schlaganfall erkannten bakteriellen Gefäßentzündung eine neue Möglichkeit. Sie lässt sich nicht nur mit Essig oder Knoblauch, sondern auch mit den desinfizierenden Wirkstoffen des Teebaumöls positiv beeinflussen. Und warum Teebaumöl den Seeleuten früher gegen Skorbut half, versteht man auch erst jetzt, da die aktuelle medizinische Forschung herausgefunden hat, dass die Ursache von Skorbut nicht mehr vorrangig in Vitamin-C-Mangel, sondern in einer Pilzinfektion zu suchen ist.

Wenn man bedenkt, dass im Rahmen dieser Untersuchungen lediglich ein standardisiertes Teebaumöl aus Melaleuca alternifolia und Melaleuca linariifolia untersucht wurde – also nicht eine nachweislich wirkungsvollere, gezielt zusammengestellte Mischung –, dann hat die Bezeichnung »Wunderöl« durchaus ihre Berechtigung.

Teebäume und das richtige Öl

Erst in den 60iger Jahren setzte eine Neubeschäftigung mit den volks- und naturheilkundlichen Mitteln der verschiedenen Kulturen und Zeiten ein – so auch mit den Vorzügen des Teebaumöls.

Teebaum ist nicht gleich Teebaum. Was heute unter dem Namen Teebaumöl oder Tea-Tree-Oil zum Kauf angeboten wird, kann sehr unterschiedlicher Herkunft sein. Kein Wunder: Die Zahl der Arten von Melaleuca (Teebaum) beträgt 150. Um hochwertige Produkte zu erwerben, ist es deshalb wichtig, über den Anbau und die von den australischen Gesundheitsbehörden definierten Qualitätsstufen Bescheid zu wissen. Zudem sollte beim Kauf auf bestimmte Angaben auf dem Etikett der Teebaumölflasche geachtet werden.

Vom Tee zum Teebaum

Für uns Europäer hat die Geschichte vom Teebaum mit dem englischen Seefahrer Captain Cook angefangen. 1770 reiste er nach Australien. Dabei ging ihm der Tee aus – sicher ein ernst zu nehmendes Problem für einen Engländer.

Da jede Entdeckungsreise von zumindest einem Botaniker begleitet wurde, fragte Cook, ob eine der Pflanzen im Süden Australiens, dem heutigen Neu-Südwales, zur Teebereitung geeignet sei. Besonders viel Mühe hat sich der Botaniker wohl nicht gemacht, denn er empfahl einfach die Blätter des in der Nähe des Anlegeplatzes am meisten verbreiteten Baumes, botanisch Melaleuca genannt. Vermutlich hatte er beobachtet, dass die Eingeborenen Blätter, Rinde und Wurzeln dieses Baumes auskochten und von dem Sud nicht nur tranken, sondern ihn auch für eine ganze Reihe medizinischer und ritueller Zwecke verwendeten.

Wir werden wohl nie erfahren, welcher Teebaum es war, dessen Blätter Kapitän Cook für seinen Tee verwenden ließ und dessen ganze Gattung von nun an den unbotanischen Namen Tea-Tree trug. Sonderlich gut scheint der Tee den Engländern allerdings nicht geschmeckt zu haben. Selbst in Angebotslisten englischer Teelieferanten tauchte er nicht auf. Aber als Medizinaltee half er den Seeleuten bei vielen Infektionen und Entzündungen.

VERWIRREND VIELE TEEBAUMARTEN

Es gibt dem Botaniker Dr. Kramer von der Universität Heidelberg zufolge über 150 Arten der Gattung Melaleuca. Dazu kommt noch eine Vielzahl so genannter Bastarde. Selbst Spezialisten haben Schwierigkeiten, die einzelnen Unterarten der Teebäume zu identifizieren.

Was alles »Tea-Tree« genannt wird

Soweit man es nachvollziehen kann, waren es vor allem der Cajeputteebaum, der Kanukateebaum, der Niaouliteebaum und der Manukateebaum, die sich sowohl bei den Eingeborenen als auch bei den Seeleuten größter Beliebtheit erfreuten und »Tea-Tree« genannt wurden.

Der in Australien vorkommende Melaleuca alternifolia, dessen Öl bei uns gern als das einzig wahre Teebaumöl angepriesen wird, war bis zu den dreißiger Jahren unseres Jahrhunderts ein Teebaum wie all die anderen Melaleuca-Bäume auch. Verschiedene Bäume der Gruppe Melaleuca werden noch heute in Angola, Australien, Indonesien, Indien, Madagaskar, Malaysia, Neuseeland, Neu-Guinea, auf den Philippinen und in Südafrika einfach als »Tea-Tree« bezeichnet.

Die Anzahl der verschiedenen Teebäume ist verwirrend groß. Nur die exakte botanische Bezeichnung gibt Auskunft über die Art des Teebaums und bewahrt vor Verwechslungen.

Die gebräuchlichsten Melaleuca-Arten

Wenn Sie Tea-Tree-Oil irgendwo auf der Welt kaufen, ohne darauf zu achten, dass es den Qualitätsbestimmungen der australischen Gesundheitsbehörden entspricht, erhalten Sie meist Öle oder Mischungen von Ölen der folgenden Bäume.

* Melaleuca alternifolia (als Tea-Tree angeboten)
* Leptospermum scoparium (als Tea-Tree oder Manukateebaum angeboten)
* Melaleuca Cajeputteebaum oder Melaleuca leucadendron (als Tea-Tree angeboten)
* Melaleuca viridiflora gaertner oder Melaleuca quinque0nervia (Niaouliteebaum; als Tea-Tree angeboten)
* Kunzea ericoides oder Leptospermum ericoides (Kanukateebaum; als White-Tea-Tree angeboten)

Neben dem Australischen Teebaumöl kommen auch die Essenzen des Kanuka-, Manuka- und Niaouliteebaums für weitgehende medizinische Zwecke zum Einsatz.

Es ist verständlich, dass die australischen Gesundheitsbehörden einen Standard schaffen mussten. Basierend auf den Arbeiten des Chemikers Penfold, bezog man sich ausschließlich auf die Öle des Melaleuca alternifolia, der in einem etwa 200 Quadratkilometer großen Gebiet an der australischen Ostküste, im Norden des Bundesstaates Neu-Südwales, in freier Natur wächst. Dies sollte nun, nach australischer Ansicht, der Teebaum schlechthin sein. Jedoch gestattete man bereits von Anfang an die Zugabe von Öl des Melaleuca linariifolia bei Lieferengpässen.

QUALITÄTSMASSSTÄBE

Der Unsicherheit im Hinblick auf die Qualität des pflanzlichen Ursprungs begegnet man durch eine exakte chemische Analyse. Mittels moderner Analyseverfahren, einer Kombination von Gaschromatographie und Massenspektrographie, überprüfen sowohl die australischen Gesundheitsbehörden als auch die deutschen Importeure die Teebaumöle. Jene schreiben dabei bestimmte Qualitätsmaßstäbe vor.

- Der Gehalt an Terpinen-4-ol ist entscheidend für die Wirkung gegen Bakterien, Pilze und Viren. Deshalb muss er bei einem zugelassenen Öl bei über 35 Prozent liegen.
- Cineol, auch Eukalyptol genannt, ein weiterer der über 160 Wirkstoffe im Teebaumöl, wird – wegen angeblich hautreizender Wirkung – als ungünstig eingestuft und nur bis zu einem Anteil von maximal 3,5 Prozent im Öl zugelassen. Da Cineol jedoch ebenfalls desinfizierend wirkt, darf es in den für Reinigungszwecke bestimmten Ölen bis zu 15 Prozent enthalten sein.

Plantagenanbau

Anders als beim zufälligen Wildwuchs in der freien Natur werden auf den Plantagen aus den winzigen Samenkörnern gesunder Teebäume gezielt neue Sprösslinge gezogen. Mit Setzmaschinen können pro Tag Tausende von Bäumen gepflanzt werden. Alle 14 bis 18 Monate erntet man die Bäume ab. Dabei schneiden die Erntemaschinen die bis zu daumendicken Äste einschließlich der Blätter gnadenlos weg. Nach meist vier Ernteperioden reißt man die Bäume aus dem Boden und ersetzt sie durch neue. Unter natürlichen Bedingungen dagegen beträgt die Lebenszeit eines Teebaumes 70 bis 120 Jahre.

Wer mit eigenen Augen gesehen hat, wie Teebäume heute in Australien angebaut und beerntet werden, der wird die Bemühungen um einen biologischen Anbau begrüßen.

SCHÄDLINGSBEKÄMPFUNGSMITTEL – EIN SCHLECHTES ZEICHEN

Das Öl des Teebaumes finden wir, in unterschiedlicher Konzentration, im ganzen Baum verteilt. Es hat die Aufgabe, den Baum vor Schädlingen zu schützen. Dies tut es in freier Natur in überzeugender Weise. Wenn heute auf den Plantagen der Einsatz von Schädlingsbekämpfungsmitteln erforderlich ist, so zeugt dies davon, dass diese Bäume bereits degeneriert sind.

Wildsammlung

Gelingt es dem Körper, dank der Anregung seines Immunsystems durch das Teebaumöl mit einer Erkrankung allein fertig zu werden, ist dies höher zu bewerten als eine Heilung, die durch Desinfektion mittels eines Teebaumöls erzielt wurde.

Aus der Wildsammlung erhalten wir sicher die effektivsten Öle. Wir haben es hier mit Pflanzen in voller Lebenskraft zu tun, denen die Blatternte nicht schadet. Bereits nach einigen Tagen sprießen neue Blätter, der Baum zeigt sich zunehmend widerstandsfähiger und lebt länger als nicht beerntete Bäume. Die Behauptung, dass bereits der enorme Bedarf für medizinische Zwecke sich nicht auf diese Weise decken lässt, ist nicht richtig. Aus der praktischen Erfahrung wissen wir: Ein hochwertiges Öl entfaltet oft erst in homöopathischer Verdünnung seine volle Wirkungskraft. Wenn es darum geht, die Abwehrkraft unseres Immunsystems anzuregen und zu stärken, geht Qualität absolut vor Quantität.

Natur wird zerstört

Sollte jetzt vor Ihrem inneren Auge das Bild eines romantisch verträumten Schnitters erstehen, der durch den unendlichen Urwald wandert und liebevoll Baum für Baum auswählt, so entspricht dies leider nicht der Realität. In der Praxis musste ich erfahren, dass Hunderte mehr oder weniger qualifizierter Arbeiter die Wälder überfluteten und alles niedertrampelten. Ohne genauere botanische Beurteilung schält man Blätter und

Rinde im Akkord von den Bäumen. Dabei wird mehr Natur zerstört als bewahrt.

Sicher ist deshalb die von den meisten Lieferanten in Deutschland angebotene Qualitätsstufe A (aus Plantagenanbau) die empfehlenswerteste. Die Lieferanten sind sich der Problematik bewusst und wollen zunehmend einzelne kleine Betriebe mit einem überschaubaren Produktionsablauf und ehrlich engagierten Farmern als Vertragspartner an sich binden.

Qualitätsstufen

Gruppe A: KBA-Qualitätsstufe

Öle dieser Qualitätsstufe werden zwar aus Plantagenbäumen gewonnen, jedoch von der Australian Tea Tree Industry Association (A.T.T.I.A.) auf Reinheit und Zusammensetzung kontrolliert. Die Vereinigung der Biological Farmers of Australia (BFA) bemüht sich dabei besonders um die Kontrolle vor Ort. Kunstdünger und Pestizide werden nicht verwendet.

Trotzdem muss von einer gegenüber der Wildsammlung reduzierten Immunkraft ausgegangen werden, da es sich um Teebäume handelt, die nicht die Möglichkeit hatten, ihre Widerstandskraft an den natürlichen Belastungen einer zwischen Sumpf- und Dürrelandschaft wechselnden Klimazone zu »trainieren«.

Die fünf Qualitätsstufen, deren Festlegung von der Australian Tea Tree Industry Association vorgenommen wird, informieren über Herkunft, Güte und Eignung der Teebaumöle für medizinische und nichtmedizinische Zwecke.

Gruppe B: Pharmazeutische Qualitätsstufe

Diese Qualitätsstufe ist an sich schon keine mehr. Ähnlich wie bei deutschen Produkten, die dem DAB (Deutsches Arzneimittelbuch) entsprechen, steht hier ausschließlich die Menge der jeweiligen Inhaltsstoffe im Vordergrund. Ob diese natürlichen oder chemischen Ursprungs sind, spielt bei einer Qualität nach DAB keine Rolle.

Auch bei den australischen Produkten wird gemischt, zumindest mit Ölen unterschiedlichster Melaleuca-Pflanzen »gestreckt«. Mit der exakten Überprüfung der Einhaltung der angegebenen Inhaltsstoffe wird in jedem Fall kontrolliert, ob gewisse Grenzwerte bei den Spritzmittelrückständen überschritten werden.

Gruppe C: Kosmetische Qualitätsstufe

Teebaumöle der mittleren Qualität werden hauptsächlich für kosmetische Zwecke verwendet: zur Haut-, Nagel- und Haarpflege in Cremes, Seifen und Shampoos.

Diese Qualitätsstufe wird unter noch geringeren Qualitätskriterien beurteilt, weil dieses Teebaumöl lediglich in kleineren Mengen kosmetischen Produkten zugesetzt werden sollte. Besonders unter dem Gesichtspunkt einer möglichen Allergie muss man derartige Produkte mit Vorsicht genießen. Zudem helfen wir der australischen Fauna und Flora, wenn wir uns derartigen Produkten verweigern.

Spritzmittelallergien entwickeln sich häufig erst nach geraumer Zeit. Doch wer will dann noch herausfinden, was die Ursache war? Auch kleinste Mengen können eines Tages »das Fass voll machen«, weil unser Körper viele Inhaltsstoffe nicht auszuscheiden vermag.

Gruppe D: Technische Qualitätsstufe und Gruppe E: Industrielle Qualitätsstufe

Diese Qualitätsstufen sind durch einen erhöhten Cineolgehalt – bis zu 10 bzw. 15 Prozent – gekennzeichnet. Ihr Terpinen-4-ol-Gehalt muss bei über 30 Prozent liegen. Die Qualität des jeweiligen Teebaumöls ist nicht nur von der Art, dem Pflanzort etc., sondern auch von dem Verfahren abhängig, mit dem das Öl gewonnen wurde.

Wir finden diese Öle in Tierpflegemitteln, Haushalts- und Krankenhausreinigern sowie in so genannten biologischen Spritzmitteln. Die Obergrenze für die enthaltenen Spritzmittelrückstände ist nicht exakt definiert. Wenn Menschen oder

Tiere mit Gegenständen, die mit diesen Ölen gereinigt wurden, in Berührung kommen, sind Kontaktallergien nicht auszuschließen.

Hitzebeständigkeit

Durch sein Leben unter extremsten klimatischen Verhältnissen und den ständigen Angriff einer Vielzahl von Schädlingen hat der Teebaum eine beachtliche Widerstandskraft gegen Lebensfeinde ausgebildet. Dies trifft zwar auch auf andere Pflanzenarten zu, doch im Vergleich zu ihnen hat der Teebaum den entscheidenden Vorteil, dass er weitestgehend hitzefest ist: Er überlebt die australischen Buschbrände in bewundernswerter Weise und ist danach sogar noch in der Lage, einfallende Schadinsekten abzuwehren.

Buschbrände sind in Australien, der Heimat des Teebaums, keine Seltenheit. Die Bäume überleben die zerstörerische Gewalt der Natur in imponierender Weise, worin sich bereits die Widerstandskraft ihrer Öle gegen Krankheitserreger andeutet.

Die Dampfdestillation ist das herkömmliche Herstellungsverfahren zur Teebaumölgewinnung. Da aber nicht selten nachher wirkungsärmere Öle zugesetzt werden, ist beim Kauf unbedingt auf die Angaben auf dem Fläschchenetikett (siehe Seite 23) zu achten.

Hitzeeinwirkung bei der Gewinnung

Teebaumöl wird gewonnen, indem heißer Dampf durch Blätter und Zweige gedrückt wird. Der Dampf wird anschließend abgekühlt, wobei das Öl auf der Oberfläche der abgekühlten Flüssigkeit schwimmt und somit einfach abgeschieden werden kann. Nach dem Abschöpfen bleiben natürlich im Wasser noch Wirkstoffe zurück. Dieses Hydrolat ist in seiner Wirkung schlecht einzustufen. Aufgrund der Hitzebeständigkeit führt dieses Herstellungsverfahren beim Teebaumöl jedoch zu keiner nennenswerten Wirkungsminderung.

✳ Je länger dieser »Kochprozess« dauert, umso mehr Wirkstoffe werden den Zweigen und Blättern entzogen. Bis zu vier Stunden haben sich als sinnvoll erwiesen. Da die empfindlichsten Bestandteile bereits in den ersten Minuten über die Verdampfung in dem Ölsammler landen, brauchen wir bei diesem an sich sehr vitalstoffzerstörenden Verfahren keine Qualitätsbedenken zu haben.

✳ Strittig ist jedoch der Einsatz höherer Temperaturen, besonders mit Heißdampf über 100 °C. Da die Ausbeute bei diesem Verfahren bedeutend höher ist, wird es zunehmend angewandt. Bei den Produkten aus Wildsammlung wird garantiert, dass auf dieses Verfahren verzichtet wird.

✳ Unter dem Gesichtspunkt der Qualität wären im Unterdruck gewonnene Verfahren interessant, weil dabei die Verdunstungstemperaturen für das Öl niedriger liegen und somit schonender wären. Leider gibt es hierfür noch keine zuverlässigen Liefernachweise.

✳ Andererseits wird auch von kompetenter Seite behauptet, erst durch die Erhitzung würden im Öl Stoffe entstehen, die es besonders wirkungsvoll machen. Dies würde die Mischung unterschiedlich hergestellter Öle nahe legen – ein äußerst komplizierter Vorgang. Deshalb: Halten Sie sich an unsere Mischungen, die optimale Wirkungen garantieren.

QUALITÄTSANFORDERUNGEN NACH DEM FORUM ESSENTIA*

Dem Forum Essentia zufolge sollte das Etikett auf der Ölflasche die folgenden Angaben enthalten.

- 100 Prozent reines ätherisches Öl, nicht »naturidentisch« (= synthetisch!) oder Parfümöl
- Die botanische lateinische Bezeichnung der Herkunftspflanze, um Verwechslungen mit anderen Arten zu vermeiden
- Das Ursprungsland (eindeutiger Staat), da die Öle je nach Herkunft variieren können
- Der Pflanzenteil, aus dem das Öl gewonnen wurde, wenn Varianten möglich sind, da die Wirkung verschieden sein kann (z.B. Blätter, Rinde)
- Die exakte Füllmenge in Milliliter oder Gramm (meist 10, 50 und 100 ml)
- Der Anbau – entweder aus kontrolliert-biologischem Anbau, aus Wildsammlung oder aus konventionellem Anbau, rückstandsgeprüft
- Das Gewinnungsverfahren – bei Extraktion sollte das Lösungsmittel genannt sein und ob das Öl rückstandskontrolliert ist
- Zusätze und das Mischungsverhältnis in Prozent bei zähflüssigen Ölen (z.B. Benzoe Siam, Mimose oder Tonka), die oft mit Weingeist (Alkohol) oder Jojobaöl versetzt werden, um sie anwendungsfreundlicher zu machen
- Trägeröl in Prozent (gegebenenfalls), denn sehr teure Öle (z.B. Iris) werden auch verdünnt angeboten
- Die Chargennummer (Kontrollnummer), über die das Öl bei Beanstandungen identifizierbar ist

* Forum Essentia e.V.
Mäuselweg 29
81375 München
Tel. und Fax: 089/7145391

Sind die nebenstehenden Qualitätsanforderungen an das Teebaumöl erfüllt, können Sie davon ausgehen, dass Sie ein hochwertiges Produkt erwerben.

Inhaltsstoffe der Teebäume

Teebaum gehört zur Familie der Myrtengewächse. Doch von den vielen Melaleuca-Arten besitzt nur der Melaleuca alternifolia die herausragenden Wirkungen.

Noch ist sich die Wissenschaft trotz umfangreicher wie speziell betriebener Forschungen über die Anzahl der Einzelstoffe im Teebaumöl nicht im Klaren: Zwischen 90 und 160 Einzelstoffe will man im Teebaumöl gefunden haben. Denn Pflanzort, Boden, Klima, Baumuntergruppe, Erntejahreszeit, Ursprungsmaterial (Blätter, Äste, Rinde, Wurzeln oder gleich der ganze Baum) und das Verfahren der Ölgewinnung führen zu extremen Schwankungen bei den einzelnen Hauptinhaltsstoffen, weshalb eine genaue Kontrolle der jeweiligen Charge unumgänglich ist. Sechs davon haben sich bei den fünf wichtigsten Teebäumen als medizinisch besonders wirkungsvoll erwiesen.

Monoterpenole

Monoterpenole, wie beispielsweise Geraniol, Linalool, α-Terpineol und Terpineol 4 oder Terpinen-4-ol, wirken vor allem antiviral, antimykotisch und antibakteriell. Terpineol 4, ein ungesättigter Kohlenwasserstoff wird als der Hauptwirkstoff des Australischen Teebaumöls (Melaleuca alternifolia) angesehen. Sein Wirkstoffgehalt muss im Australischen Teebaumöl mindestens bei 35 Prozent liegen. Dieser Wirkstoff kommt sonst nur noch in den Ölen des Majorans (Origanum majorana) und des Mastix (Pistacia lentiscus), allerdings in unbedeutenden Mengen, vor. Er macht die Einzigartigkeit des echten Australischen Teebaumöls aus.

✳ Terpineol 4 hilft gegen Bakterien, Pilze, Viren und ist ein sehr hautfreundlicher Stoff. Auf die Psyche wirkt es aufhellend, ohne aufzuregen. Giftwirkungen auf den Menschen sind bisher nicht bekannt geworden.

Cineol

Cineol gehört zur Gruppe der Oxide. Es wird manchmal auch als Eukalyptol bezeichnet. Das echte Australische Teebaumöl ist durch einen niedrigen bis sehr geringen Anteil dieses Wirkstoffes – ca. 3 bis 15 Prozent – gekennzeichnet. Deshalb sieht man hierin ein weiteres wichtiges Unterscheidungskriterium gegenüber den anderen Teebaumölen. Cajeputteebaum und Niaouliteebaum enthalten bis zu 60 Prozent Cineol, und besonders cineolhaltig ist natürlich das aus den Eukalyptusbaumblättern gewonnene ätherische Öl.

✳ Dem Cineol wird eine günstige Wirkung gegen Viren und Bakterien zugeschrieben, allerdings kaum gegen Pilze. Es ist für den eukalyptusartigen Geruchsanteil im Teebaumöl verantwortlich. Aufgrund seiner angeblich stark hautreizenden

Ähnlich wie die Teebäume prägen Eukalyptusbäume das Erscheinungsbild der Australischen Wälder. Beiden Gattungen gemeinsam ist der Inhaltsstoff Eukalyptol, der vor allem wegen seiner Atemluft und -wege reinigenden Wirkung geschätzt wird.

Wirkung darf es jedoch in den für die Anwendung am Menschen bestimmten Australischen Teebaumölen nicht über 3,5 Prozent enthalten sein.

* In der Praxis erleben wir tatsächlich eine Rötung nach dem Einsatz von stark cineolhaltigen Ölen. Derartige Rötungen hinterlassen jedoch nicht die geringsten Spuren einer Hautschädigung, sondern stellen eine anhaltende und aufbauende Stoffwechselanregung aller Hautfunktionen dar. Bei entsprechender Verdünnung (ab 1:10 bis 1:500) kann sogar die Wirkung auf die hoch empfindlichen Schleimhäute nur als positiv bezeichnet werden.
* Cineol oder Eukalyptol wirkt hauptsächlich schleimlösend und verflüssigend im Bereich der Atemwege. So erklärt sich auch, warum Cajeputteebaum und Niaouliteebaum bei Atemwegserkrankungen wirkungsvoller sind als das Öl des Australischen Teebaums.
* Eine schmerzlindernde, geistig anregende und konzentrationsfördernde Wirkung kann man ebenfalls durch das Cineol erreichen.

Monoterpene

Der Gehalt an Monoterpenen, der zweithäufigsten Wirkstoffgruppe im Australischen Teebaumöl, wird nur noch durch den unserer heimischen Kiefer übertroffen. Besonders hervorzuheben ist ihre schmerzlindernde Wirkung.

Monoterpene (α-Pinen, α-, γ-Terpinen) sind mit bis zu 45 Prozent die zweite Hauptwirkstoffgruppe im Australischen Teebaumöl. Cajeputteebaum und Niaouliteebaum enthalten maximal 25 Prozent dieser Wirkstoffe und sind somit diesbezüglich dem Australischen Teebaum unterlegen. Der Kanukateebaum mit bis zu 65 Prozent Monoterpenen zeigt allerdings eine weitaus günstigere Wirkung.

Unsere heimische Kiefer (Pinus sylvestris) ist in dieser Hinsicht der Hauptkonkurrent des Australischen Teebaums: Mit bis zu 85 Prozent Monoterpenen ist ihr Öl das schmerzlinderndste, vor allem in Verbindung mit der nervenberuhigenden Wirkung des Lavendelöls.

* Die Monoterpene im Australischen Teebaumöl wirken in erster Linieschmerzlindernd, entzündungshemmend und antiallergisch.
* Eine schleimregulierende und seelische Schwankungen stabilisierende Komponente wird den Monoterpenen ebenfalls nachgesagt.
* Durch den hohen Monoterpengehalt sind Tea-Tree-Öle aber nicht ganz so hautfreundlich, wie es häufig behauptet wird. Bei längerer Anwendung trocknet die Haut aus. Mischungen mit Manukateebaum, Palmarosa oder Lavendel gleichen diesen Mangel aus.

Der hohe Gehalt an Monoterpenen kann bei einer längeren Anwendung die Haut austrocknen. Eine Mischung verschiedener Öle wirkt dem entgegen.

Die Teebaumöle unterliegen strengen labortechnischen Kontrollen. Geprüft werden u. a. Reinheit und Zusammensetzung der chemischen Bestandteile – zwei wichtige Kriterien, die über die Zuordnung zu einer höheren oder niedrigen Qualitätsstufe entscheiden.

Das einzigartige Wirkungsspektrum der Teebaumöle beruht nicht in erster Linie auf der durchschlagenden Kraft eines bestimmten Inhaltsstoffes, sondern auf dem Synergieeffekt zahlreicher Einzelkomponenten wie Cadinen, Viridiflorol und Leptospermone.

Cadinen

Cadinen aus der Gruppe der Sesquiterpene ist im Australischen Teebaumöl in den meisten Fällen nur mit höchstens 3 Prozent enthalten. Vermutlich ist dies der Grund, weshalb seine Wirkung bei tieferen Wunden nicht so überzeugend ist. Der Manukateebaum dagegen enthält bis zu 65 Prozent dieses Wirkstoffes. Als Ersatz kann auch Myrrhe dienen, die bis zu 90 Prozent Cadinen enthält.

✳ Cadinen ist besonders hautfreundlich. Allergische und entzündliche Prozesse der Haut sowie Juckreiz werden durch diesen Wirkstoff gelindert. Bei der Wundheilung gehört Cadinen zu den wirkungsvollsten Mitteln.

Viridiflorol

Viridiflorol aus der Gruppe der Sesquiterpenole finden wir leider nur im Niaouliteebaum und Kanukateebaum, meist mit einem Gehalt um 10 Prozent. Schade, denn derjenige, der nur das Australische Teebaumöl verwendet, muss auf die venentonisierende und lymphentstauende Wirkung verzichten.

✳ Viridiflorol unterstützt die Wundheilung und belebt den ganzen Organismus; daher kommt wohl auch seine stimmungsanregende Wirkung.

✳ Die Stärkung des Bindegewebes und die ausgleichende Wirkung auf den Muskelstoffwechsel sind ebenfalls erwähnenswert – ideal für müde Beine.

Leptospermone

Leptospermone aus der Gruppe der Triketone sind besonders wegen ihrer schleimverflüssigenden Wirkung interessant. Leider finden wir sie nur im Manukateebaum, darin allerdings bis zu 25 Prozent. Eine antibakterielle und antimykotische Wirkung geht ebenfalls von ihnen aus. Geistig und psychisch wirken sie anregend.

DIE WIRKUNGEN DER TEEBAUMÖLE IM ÜBERBLICK

* Grundsätzlich kann gesagt werden, dass eine desinfizierende und hautregenerierende Wirkung bei allen Teebaumarten gegeben ist.
* Das psychische Befinden und das Denken werden allgemein unterstützt.
* Teebaumöle durchdringen leicht die Haut- und Schleimhautbarriere unseres Körpers. Ihre gegen Bakterien, Viren und Pilze gerichteten Wirkstoffe erscheinen jedoch unserem Körper als ungewohnte Eindringlinge.
* Folglich kommt es zu einer unspezifischen Anregung unseres Immunsystems. Auf diese Weise aufgeweckt, entdeckt unser Immunsystem früher gefährliche Krankheitserreger und kann rechtzeitig mit der Bildung spezifischer Abwehrkörper beginnen. Vermutlich unterstützt die keimtötende Wirkung der Öle sogar die Arbeit unseres Immunsystems.
* Die schmerzlindernde Wirkung ist beim Australischen Teebaum und beim Kanukateebaum besonders stark ausgeprägt.
* Die schleimlösende Wirkung finden wir überwiegend beim Cajeputteebaum und beim Niaouliteebaum, in etwas geringerer Intensität tritt sie beim Manukateebaum ein.
* Die juckreizstillende Wirkung ist beim Manukateebaum besonders ausgeprägt.
* Die antiallergische Wirkung kommt beim Australischen Teebaum, beim Kanukateebaum und beim Manukateebaum am besten zum Tragen.
* Die günstige Wirkung auf Blutgefäße (Venen) und Lymphgefäße finden wir besonders beim Niaouliteebaum und beim Kanukateebaum.

Eine allgemein desinfizierende, hautregenerierende und das Immunsystem stabilisierende Wirkung ist allen Teebaumarten zu eigen. Im Blick auf spezifische Heileigenschaften muss zwischen Australischem, Cajeput-, Niaouli-, Manuka- und Kanukateebaum unterschieden werden.

Anwendung von Teebaumölen

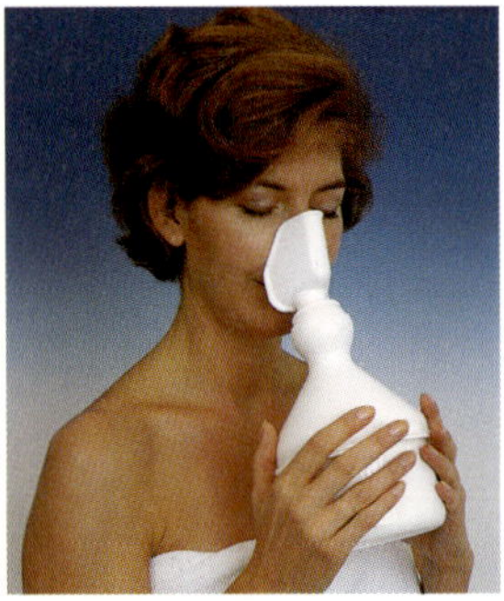

Die Inhalation der heilenden Düfte gehört zu den gebäuchlichsten Anwendungen ätherischer Öle.

Wenn wir ätherische Öle einnehmen, so gelangen sie über die Schleimhäute des Verdauungstraktes in die Blutbahn. Auch der Weg über die Einreibung, das Bad oder die Inhalation führt letztendlich die Öle in die Lymph- und Blutbahn. Bereits nach fünf Minuten können wir die Wirkstoffe eines mit unserem Körper in Verbindung gebrachten Öls in allen Zellen unseres Körpers wieder finden. Bei höheren Dosen schmecken wir das Öl nach einiger Zeit im Mund, auch wenn es über die Haut aufgetragen wurde. Umgekehrt ist der Geruch einiger über den Mund aufgenommener Öle nach kurzer Zeit auf der Haut feststellbar. Auch Atem und Urin tragen deutliche Geruchsspuren.

Allgemeine Hinweise

Ätherische Öle können für uns, wenn sie sinnvoll – und vor allem richtig dosiert – eingesetzt werden, sehr hilfreich sein. Sie sind und bleiben jedoch immer Stoffe, die unser Immunsystem zu erhöhter Wachsamkeit aufrufen, es quasi in eine Stresssituation versetzen. Denn genau besehen sind alle ätherischen Öle Gifte. Sie wurden von den Pflanzen produziert, um Schädlinge abzuwehren und Insekten für die Befruchtung anzulocken. Wir verdanken es der höheren Entwicklung unseres Immunsystems, dass uns die Schutzstoffe der ätherischen Öle nichts anhaben können.

Regelmäßige Anwendung ...

Das Besondere an den ätherischen Ölen – vor allem an den stark keimfeindlich wirkenden – ist, dass sie unser Körper schnell und ohne den geringsten Schaden aufnehmen und wieder ausscheiden kann. Dies weist uns auch gleich auf den einzigen wirklichen »Nachteil« der ätherischen Öle hin. Wenn wir eine intensive Wirkung im Sinne von Keimfeindlichkeit oder Gewebeaufbau erzielen wollen, dann ist eine regelmäßige Anwendung in kurzen Zeitabständen erforderlich: Auf Schleimhäuten, wie im Mundbereich, muss meist alle 15 Minuten gegurgelt oder gespült werden.

... doch kein Dauertherapeutikum

Daraus ergibt sich auch, dass stark wirkende Öle wie die Teebaumöle keine Dauertherapeutika sein sollten, die ständig zur Vorbeugung von zu erwartenden Beschwerden eingesetzt werden. Sobald der angestrebte Effekt im Sinne des Abklingens der Beschwerden oder des Ausheilens der Entzündung etc. erzielt ist, gehört das hilfreiche Teebaumöl wieder in den Apothekenschrank oder noch besser in die Hand- oder Aktentasche. Im ungünstigsten Fall kann eine zu lang anhaltende intensive Behandlung mit den gleichen Ölwirkstoffen auch eine Allergie auslösen.

ÖLMISCHUNG ODER THERAPIE ÄNDERN

Tritt nicht innerhalb von drei Tagen zumindest eine günstige Veränderung ein, so sollte man eine andere Ölmischung anwenden oder allgemein ein anderes Therapieverfahren einsetzen bzw. den Arzt aufsuchen. Sie verderben sich andernfalls eventuell den Wirkungseffekt gegenüber weiteren Beschwerden, die bisher günstig auf das Öl ansprachen.

Wunden oder Hautentzündungen zeigen häufig wieder eine Verschlechterung, wenn nicht innerhalb von drei bis fünf Stunden eine weitere Ölbehandlung folgt. Erst wenn der Heilungsfortschritt sichtbar wird, können die Therapieintervalle verlängert werden.

Resistenzbildung

Aus unserer Erfahrung im Einsatz von ätherischen Ölen können wir mit Sicherheit sagen: Bei Daueranwendung entwickeln Bakterien, Viren und Pilze auch gegen ätherische Öle Resistenzen. Ein Schimmelfleck in unserem Bad, der sich lediglich ein Jahr mit Australischem Teebaumöl in Schach halten ließ, ist für uns einer der sichtbarsten Beweise.

Beachten Sie bitte: Die nachweislich desinfizierende Wirkung der Teebaumöle gegenüber den meisten Krankheitserregern lässt bei verdünnten Mischungen nach.

Auch die Erfahrungen unserer Patienten sprechen eine deutliche Sprache. Jene Patienten, die ständig und überall den »bösen Bakterien« mit Teebaumöl zu Leibe rückten, waren meist spätestens bei der übernächsten Grippewelle von der Wirkung des Öls enttäuscht. Dies ist auch der Grund, weshalb wir immer Öle der gleichen Wirkungsrichtung abwechselnd miteinander mischen. Beim zweiten Auftreten der gleichen Erkrankung sollte eine neue Kombination verwendet werden.

Da wir trotzdem mit einer begrenzten Anzahl von Ölen auskommen, ist dies weder besonders umständlich noch teurer. Meistens werden die Teebaumöle durch preisgünstigere Öle in ihrer Wirkung unterstützt. Der Kreis der effektiv beeinflussbaren Erkrankungen ist auf diese Weise deutlich größer als der bei alleinigem Einsatz des Australischen Teebaumöls.

Teebaumöl pur und verdünnt

Wenn wir die Erreger nicht kennen und somit eine Breitbandwirkung anstreben, muss unverdünntes Teebaumöl eingesetzt werden. Dies schließt den effektiven Einsatz des Teebaumöls als desinfizierenden Zusatz zu Putzmitteln aus. Selbst wenn Sie in 5 l Wischwasser 10 ml Teebaumöl geben, also ca. 10 Mark investieren, dann könnte der Geruch vielleicht einige Mücken vertreiben, die meisten der haustypischen Bakterien würde es jedoch nicht stören. Einige Schaben, Asseln und Silberfischchen würden sich sogar von den Resten des verdunsteten Öls bestens ernähren können.

Aus diesen Erfahrungen ergibt sich als einzig effektive Anwendungsart für Teebaumöle, die unter dem Gesichtspunkt der Desinfektion und der Gewebeernährung bzw. Hautpflege eingesetzt werden: So konzentriert wie möglich und so direkt wie möglich.

Die nebenstehenden Anwendungen mit verdünntem Teebaumöl haben sich in der Praxis durchgängig bewährt. Halten Sie sich jedoch genau an die angegebenen Dosierungsempfehlungen, um optimale Wirkungen zu erzielen.

Gute Erfahrungen mit verdünntem Teebaumöl haben wir dagegen in folgenden Fällen gemacht:

✳ **Langzeitmundspülungen:** 1 bis 3 Tropfen pro EL Speiseöl oder Milch

✳ **Gurgeln:** 5 bis 10 Tropfen mit 1/2 bis 1 TL Zitronensaft emulgieren und anschließend mit ca. 200 ml Wasser auffüllen

✳ **Massage und Einreibung über den Lymphknoten in Achselhöhlen und Leiste:** 25 bis 50 Tropfen pro 50 ml Mandel-, Jojoba- oder Speiseöl

✳ **Duftlampe:** 6 bis 12 Tropfen je nach Raumgröße und gewünschter Duftintensität

✳ **Heißdampfinhalation:** 6 bis 10 Tropfen

✳ **Kaltdampf-Ultraschallinhalation:** Zur Herstellung des Ultraschallinhalats je 1 Tropfen der vorgeschlagenen Öle mit 1 TL Honig vermischen, den Honig wiederum in 25 ml Obstessig auflösen, in ein 5 ml fassendes Inhalatefläschchen 0,5 ml dieser Mischung geben und mit destilliertem oder abgekochtem Wasser auffüllen

✳ **Bad:** Fußbad 10 Tropfen, Vollbad 10 Tropfen, emulgiert mit Honig oder Sahne

✳ **Wickel, Auflagen, Kompressen:** 5 bis 10 Tropfen auf die zur Anfeuchtung der Wickel notwendige Flüssigkeit

✳ **Packungen:** 10 Tropfen auf 100 g Quark, Heilerde etc.

✳ **Einreibung der Nasenschleimhäute:** 1 Tropfen auf 1 EL Öl, dabei mit Hilfe eines getränkten Wattestäbchens so weit wie angenehm in die Nase hineinfahren, den mit den Fingern erreichbaren Bereich richtig durchmassieren

Da wir nicht wissen, wie sich die Einzelstoffe von industriellen Produkten wie Salben, Masken, Zahncreme, Shampoos usw. mit Teebaumöl vertragen, sollten Sie es erst direkt vor der Anwendung zugeben.

TEEBAUMÖLE EFFEKTIV EINSETZEN

- Aufgrund ihrer hautpflegenden Eigenschaften können Teebaumöle unbedenklich jedem handelsüblichen Kosmetikum hinzugefügt werden, z. B. Ölen, Salben, Masken, Zahncreme, Shampoos, Massagemitteln (Öle und Lotionen) usw.
- Da die immunstimulierende Wirkung des Teebaumöls bereits mit wenigen Tropfen erreicht wird, brauchen Sie z. B. bei Milchschorf oder Schuppenflechte im Kopfbereich nur 10 Tropfen Manukateebaumöl als Zugabe für eine 100-ml-Flasche ph-neutralen Shampoos oder Haarwassers.
- Steht die Desinfektion im Vordergrund und das Pflegemittel selbst hat keine desinfizierende Eigenschaft, dann können wir eine breitbandig desinfizierende Wirkung nur von unverdünnten Teebaumölen erwarten.
- Alle anderen Angaben widersprechen den aktuellen wissenschaftlichen Untersuchungen und orientieren sich irritierenderweise an einzelnen Bakterienstämmen und nicht an dem Gesamtspektrum der auf der Haut oder im Haushalt anzutreffenden Keime.

Stärkung des Immunsystems

In erster Linie soll nicht eine Desinfektion der jeweiligen Körperbereiche mit Hilfe des Teebaumöls angestrebt, sondern dem Immunsystem eine Starthilfe gegeben werden. Andernfalls würden wir die Abhängigkeit von einem Desinfektionsmittel nur gegen eine Teebaumölabhängigkeit eintauschen. In vielen Fällen helfen die Öle als Verstärkung bereits bewährter Anwendungen – als Zugabe zu Quark, Heilerde, Badezusätzen usw. Denn auch über die Einreibung, das Bad oder die Inhalation gelangen die Öle schließlich in die Lymph- und Blutbahn.

Innere Anwendung

Die Langzeitmundspülung

Um die erforderliche Stimulation des Immunsystems zu erreichen, hat sich bei uns – z.B. als »Grippeschutzimpfung« – die Langzeitmundspülung bewährt. Dabei mischt man 100 ml eines geschmacklich angenehmen Speiseöls oder normalfette Milch bzw. Sojamilch mit so viel Tropfen des Teebaumöls oder einer empfohlenen Mischung ätherischer Öle, dass diese geschmacklich gerade hervortreten. Meist genügen 1 bis 2 Tropfen. Selten sind es bei Ölmischungen mehr als 5 Tropfen.

Diese Mischung wird ca. 5 Minuten im Mund gewälzt und dann ausgespuckt. Bereits an der geschmacklichen Änderung während des Spülens bemerken wir den Übergang der Wirkstoffe durch die Mundschleimhaut in die Blutbahn. Die zubereiteten 100 ml reichen für 5 bis 7 Wiederholungen innerhalb eines Tages. Dies sollte man dann auch ausnutzen. Ist bei akuten Erkrankungen am folgenden Tag noch keine Besserung eingetreten, so empfiehlt sich eine geänderte Mischung der ätherischen Öle.

Während zu Beginn der Teebaumölrenaissance noch von der oralen Einnahme verschiedentlich abgeraten wurde, hat die Praxis inzwischen gezeigt, dass z.B. entsprechende Kapseln und Zäpfchen unter Aufsicht eines erfahrenen Heilpraktikers bedenkenlos eingenommen werden können.

Steckkapseln, Kohlekompretten, Zäpfchen

Unter der Aufsicht eines erfahrenen Behandlers kann der Einsatz von Steckkapseln aus Gelatine, die Sie vor der Einnahme mit dem entsprechenden Öl füllen, oder Kohlekompretten, die mit dem entsprechenden Öl betropft werden, das Wirkungsspektrum der Therapie mit ätherischen Ölen entscheidend erweitern.

Zäpfchen können Sie selbst herstellen, indem Sie 2 Teile Kakaobutter (aus der Apotheke) im Wasserbad erwärmen und mit 1 Teil Olivenöl oder einem anderen Öl mischen. Vor dem Erstarren mischt man pro 10 ml der Öl-Kakaobutter-Mischung 10 Tropfen des ätherischen Öls unter.

Da die Teebaumöle vor allem dank ihrer einfachen und weitgehend risikolosen Anwendung zurzeit zu den vielseitigsten Ölen gehören, ist ihre Vorrangstellung in der Laientherapie vollauf gerechtfertigt.

SELBSTBEHANDLUNG – MIT EINSCHRÄNKUNGEN

Mit den aufgeführten Selbstbehandlungsanweisungen können Sie viele Krankheiten heilen oder zumindest deutlich lindern. Die Teebaumöle sind durch den Erhitzungsprozess während ihrer Gewinnung zwar wirkungsvoller als die unbehandelten Pflanzenteile, aber die Bezeichnung »Naturstoff« muss durchaus mit Einschränkungen versehen werden. Das Risiko einer Allergisierung lässt sich deshalb nicht ausschließen. Die begleitende Beratung eines in der Aromatherapie erfahrenen Arztes oder Heilpraktikers ist immer sinnvoll, um die effektivste Hilfe für Sie zu finden.

Wie die Öle im Magen-Darm-Trakt wirken

Die für das Abtöten bestimmter Bakterien und Pilze im Darm oder Magen erforderliche Dosis von Australischem Teebaum-, Manukateebaum-, Thymian- oder Geraniumöl bringt anfänglich ein Durcheinander in die Darmflora. Auch günstige Bakterien gehen vermehrt mit dem Stuhl ab. Sogar eine erhöhte Infektanfälligkeit konnte von unseren Kollegen und uns beobachtet werden. Es kann dann einige Wochen dauern, bis sich die Befindlichkeit gebessert hat. Natürlich sind dies, im Vergleich zum Antibiotikaeinsatz, noch minimale Unpässlichkeiten. Wir erkennen daraus jedoch, dass die innere Anwendung höherer Dosen ätherischer Öle des Beistandes durch den erfahrenen Arzt oder Heilpraktiker bedarf.

Duftlampe und Inhalator

Die Aromatherapie geht zweierlei Wege, um dem Menschen eine Harmonisierung seiner Befindlichkeit zu ermöglichen. Der erste Zugang zu Körper und Psyche wird über eine Vertiefung der Atmung und damit eine Steigerung der Sauerstoffaufnahme ins Gewebe erreicht. Dazu sind nahezu alle Destillate der Aromatherapie geeignet. Je besser die Sauerstoffversorgung in unseren Zellen ist, desto mehr Energie besitzt unser Immunsystem: Wir sind fit und leistungsfähig.

Ätherische Öle einatmen

Die ätherischen Öle besitzen alle mehr oder weniger desinfizierende Wirkstoffe, die beim Einsatz in der Duftlampe nicht nur üble Gerüche auflösen oder überlagern, sondern auch Bakterien und Viren in der Raumluft bremsen und blockieren. Diese können sich nicht mehr so leicht vermehren und verlieren bis zu einem gewissen Grad ihre krank machenden Eigenschaften. Die mit der Atemluft aufgenommenen Keime sind dann für unser durch den Duft vorstimuliertes Immunsystem leichter zu besiegen.

Die menschliche Reaktion auf Geruch ist mit einer halben Sekunde schneller als auf Schmerz oder einen akustischen Reiz. Nutzen Sie dieses Geschenk der Natur anhand der heilenden Düfte der ätherischen Öle.

Als Basisöl für die Desinfektion der Raumluft sollte immer eine Mischung aus Australischem Teebaum- sowie Cajeputteebaum- und Niaouliteebaumöl verwendet werden. Sie regt die Funktionen der Schleimhaut an und verhindert ihr Austrocknen. Bei Erkrankungen der Atemwege eignet sich diese Mischung für Kopfdampf oder eine Inhalation mit dem Ultraschallvernebler.

Der Ultraschallinhalator

Das Gerät besteht aus einem Inhalator mit einem Ultraschallschwinger, Netzteil oder Batterien, Inhalatfläschchen, Fülltrichter und Ansaugstäbchen. Sein großer Vorteil liegt in der Kaltvernebelung jener Wirkstoffe, die durch die Hitze eines Dampftopfes geschädigt oder zerstört würden.

So wird's gemacht: Inhalat ins Fläschchen geben, Ansaugstäbchen ins Inhalat stecken, die Mund-Nasen-Kappe entfernen, das Fläschchen mit Stäbchen so einsetzen, dass das obere Ende des Ansaugstäbchens am Ultraschallschwinger anliegt.

HERSTELLUNG EINES ULTRASCHALLINHALATS

Sie vermischen je 1 Tropfen der vorgeschlagenen Öle oder Ölmischung mit 1 TL Honig. Lösen Sie diesen Honig wiederum in 25 ml Obstessig auf. In ein 5 ml fassendes Inhalatfläschchen geben Sie 0,5 ml dieser Mischung und füllen mit destilliertem oder abgekochtem Wasser auf.
Sie merken bereits bei den ersten Atemzügen, ob dieses Inhalat eventuell zu stark ist. Verdünnen Sie dann die Inhalatlösung durch die Zugabe von 25 ml abgekochtem Wasser.

Um eine allergische Reaktion auszuschließen, sollten Sie zunächst mit kleinen Dosierungen über einen kurzen Zeitraum die Verträglichkeit der von Ihnen gewählten Öle testen. Wer ganz sichergehen will, fragt beim Arzt oder Heilpraktiker nach.

Inhalieren über Tücher

Viele Insekten mögen ätherische Öle für die Raumdesinfektion nicht. Sie meiden die Umgebung der Duftquelle. Für uns bedeutet dies: Insekten, die auf der Nahrungssuche mit allerlei Giften und Keimen in Berührung kommen und uns damit anstecken könnten, meiden unseren engeren Lebensraum. Diese Tatsache kann man sich vor allem im Säuglings- und Kinderzimmer zunutze machen, um unseren Lieblingen einen gesunden und ungestörten Schlaf zu sichern.

Babys und Kleinkinder mögen weder Kopfdampf noch Inhalationsbehälter. Für sie ist ein mit dem Inhalat getränktes Tuch in Kopfnähe die angenehmste Art zu inhalieren. Das Öl bleibt unerhitzt, und es muss kein brennendes Teelicht bewacht werden. Einfach 1 Tropfen auf das Kopfkissen zu geben ist ungeschickt. Manchmal reiben sich die Kinder gerade diese Stelle in die Augen.

Ein Tip für die Sommermonate: Reiben Sie vor dem Schlafengehen die unbekleideten Körperteile des Kindes mit einer Mischung aus Teebaumöl und seinem Lieblingsduft – zur Milderung des herben Geruchs – ein, vorausgesetzt, es besteht keine Allergie gegen einen der Wirkungsstoffe des Duftöls.

TIPS ZU DEN AROMAÖLEN (1)

- Gehören die hellen Zitrusöle oder Kampfer, Minze, Eukalyptus und Melisse zu Ihren Lieblingsölen, unterlegt man sie mit einem dunklen Öl, z.B. Vetiver, und ergänzt mit einer Duftnote, die zwischen den beiden Eckwerten steht, z.B. Nadelölen mit Ausnahme von Wacholder. Je heller die Öle sind, desto schneller verflüchtigen sie sich. Dank der dunkleren Öle bleiben sie länger haften und damit über den Geruchssinn wahrnehmbar.
- Da ätherische Öle auf die unterschiedlichste Art die Psyche stimulieren, kommen sie leider auch in dubiosen Zirkeln und pseudoreligiösen Hauskreisen, gepaart mit Halbwissen aus den verschiedensten Kulturen, zum Einsatz. Vorsicht: Lassen Sie sich nicht einlullen, weil ja alles so schön und harmonisch ist. Deshalb muss längst nicht alles wahr und echt sein, was in dem Kreis gesagt oder gebetet wird.
- Es ist nicht erforderlich, sich teure und in der Regel stark überteuerte Duftlampen zu kaufen, es sei denn, man möchte sie als Raumschmuck besitzen. Ein Stöfchen mit Teelicht und eine Tasse oder Glaskanne erfüllen den Zweck ebenso.
- Nicht immer ist der Duft eines Öls in der Lampe mit dem Duft, der sich beim Kontakt mit der Haut entwickelt, identisch. Er kann angenehmer oder penetranter ausfallen. Dies betrifft besonders Raucher. Hier wird jede Duftnote stark verfremdet.
- Lassen Sie niemals ein Stöfchen oder die Duftlampe über längere Zeit unbeaufsichtigt. Räumen Sie Zündhölzer und Feuerzeug weit weg, damit kein Unsinn angestellt werden kann, besonders wenn Kinder und gebrechliche Menschen in der Wohnung sind.

Die nebenstehenden Empfehlungen bewahren Sie vor unsachgemäßem und/oder gefährlichem Gebrauch im Umgang mit ätherischen Ölen.

TIPS ZU DEN AROMAÖLEN (2)

- Fest haftende Rückstände in der Lampe weicht man in warmem Wasser ein und entfernt sie mit Hilfe eines Topfkratzers und mehrmaligem Abspülen.
- Lagern Sie ätherische Öle immer gut verschlossen im Kühlschrank, damit sie sich möglichst lang frisch halten und nicht ranzig werden oder ihr Aroma verlieren. Einige Öle verlieren durch die Kälte allerdings ihre Tropffähigkeit; dann behelfen Sie sich einfach mit einem Zahnstocher o. Ä., daran bleibt meist die Menge eines Tropfens haften.

Duftmischungen

- **Für die geistige Fitness:** 5 Tropfen Cajeputteebaum, 3 Tropfen Limette, 3 Tropfen Rosmarin, 1 Tropfen Pfefferminze; 10 Tropfen Niaouliteebaum, 3 Tropfen Zypresse, 3 Tropfen Geranium
- **Für konzentriertes geistiges Arbeiten:** 5 Tropfen Australischer Teebaum, 3 Tropfen Zedernholz, 3 Tropfen Lemongras, 3 Tropfen Zypresse
- **Zur allgemeinen Anregung und Belebung:** 5 Tropfen Australischer Teebaum oder Kanukateebaum, 3 Tropfen Limette, 3 Tropfen Rosmarin, 3 Tropfen Majoran

Massage

Wenn es medizinisch notwendig ist, lassen wir uns vom Arzt eine professionelle Massage verschreiben – dabei gibt es auch Genussmassagen. Lassen Sie sich doch einmal im Rahmen einer entsprechenden Seminarveranstaltung von Laie zu Laie verwöhnen!

Ein weiterer Weg Wirkstoffe ätherischer Öle für den Menschen nutzbar zu machen, führt über den so genannten Haut-Eingeweide-Reflex (siehe Näheres hierzu unter »Erläuterung wichtiger Fachbegriffe« Seite 112ff.). Ob wir massieren, bürsten, baden, Güsse durchführen, sonnen- oder saunabaden – immer versteht es der Körper, die über die Haut aufgenommenen ätherischen Öle für die inneren Organe therapeutisch zu nutzen.

Kleines Abc der Massage

Zunächst zur Massage. Sicher, massieren ist nicht kompliziert, aber bestimmte Dinge sollten doch berücksichtigt werden. Um weder sich noch andere zu schädigen und nicht die Freude, zu massieren und massiert zu werden, zu verlieren, muss man einiges wissen.

✳ Ein gutes Massageöl darf nicht glitschig sein, es muss wie ein schwacher »Kleber« die Hand des Behandlers und die Haut des zu Massierenden verbinden. Ihr Apotheker führt einige diesbezüglich geeignete Cremes, denen Sie unsere Teebaumölmischung (siehe Seite 44) zugeben können.

✳ Nicht die kräftigste Massage ist unbedingt die beste, sondern die, die Rücksicht auf das Befinden des zu Massierenden nimmt.

✳ Wichtig ist, dass Behandler und Behandelter sich verstehen. Der zu Massierende muss sein momentanes Empfinden richtig beschreiben können, und der »Masseur« sollte verstehen, was damit gemeint ist und wie er darauf reagieren kann.

✳ Vor Beginn einer Massage muss der zu Behandelnde richtig gelagert werden – je nach Möglichkeit auf einer festen, aber nicht harten Unterlage in Bauchlage. Die Sprunggelenke liegen auf einem kleinen Polster, die Arme sind in U-Stellung und die Stirn liegt auf den Handrücken. Dabei sollte der zu Behandelnde leicht zugedeckt sein, damit es nicht zur Unterkühlung kommt.

✳ Wird im Sitzen massiert, sitzt der zu Massierende auf dem Küchenstuhl und stützt die Ellbogen auf den Tisch. Der Kopf wird in beide Handteller gelegt. Dadurch sind Hals und Nackenmuskulatur entlastet.

✳ Bett, Couch, Liege und Fußboden sind zu niedrig, um im Stehen zu massieren, wenn wir unseren Rücken dabei gerade halten wollen. Deshalb müssen wir uns der Höhe der Behandlungsebene anpassen und uns eine Stellung zwischen Halb-

Damit Sie sich beim Massieren nicht selbst verkrampfen, beachten Sie bitte die nebenstehenden Punkte. Da in Ihrem Haushalt wahrscheinlich keine stationäre oder transportable Massagebank vorhanden ist, müssen Sie mit den Gegebenheiten zurechtkommen.

Verspannungen des Nackens sind lästig und können schmerzhaft bis in den Kopfbereich ausstrahlen. Gefühlvolle Ausstreichungen dieser für den Laienmasseur risikoarm zu behandelnden Region lösen auch innere Blockaden.

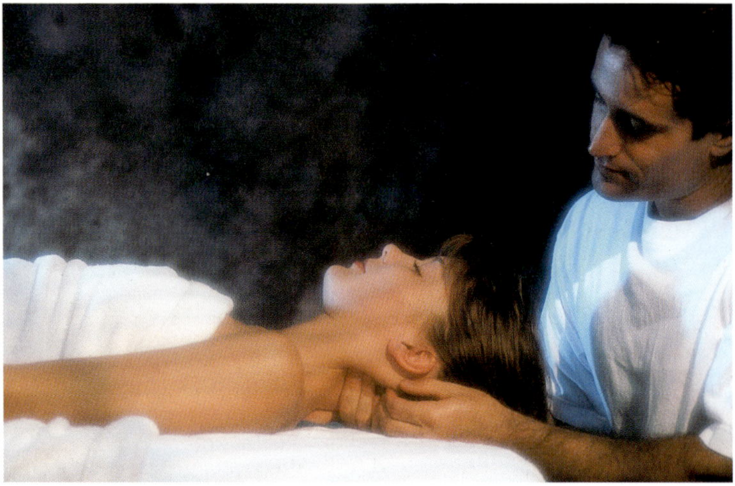

kniestand, Hocke, Fersensitz und Kniestand wählen, wenn wir es nicht vorziehen, im Sitzen zu massieren.

✳ Immer mit warmen Händen massieren. Es gibt nur zwei Ausnahmen von dieser Vorschrift: bei der Eismassage und bei Herz- und Wechseljahrebeschwerden.

✳ Beinmassagen und Lymphdrainagen gehören ausschließlich in die Hand eines ausgebildeten Masseurs oder Krankengymnasten. Das Risiko, dass sich ein Blutgerinnsel löst und eine Lungenembolie oder ein Schlaganfall entsteht, ist zu groß.

✳ Schultern, Nacken und Rücken sind die am risikoärmsten zu behandelnden Bereiche, wenn gefühlvoll gearbeitet wird. Treten in diesen Bereichen häufig Schmerzen auf, ist dies ein Fall für den Arzt oder Heilpraktiker.

Der Verlauf der Massage

1. Wir beginnen jede Massage mit langsamen langen Ausstreichungen am Hinterkopf und gleiten links und rechts neben der Wirbelsäule auf dem langen Rückenstrecker mit leichtem bis mäßigem Druck bis zum Beckenrand. Dabei liegen alle Finger, die Handfläche und das Handgelenk auf der Haut.

2. Am Beckenrand angekommen, gleiten wir nach außen an die Flanken und ziehen ohne Druck zur Halswirbelsäule zurück; dieser Vorgang wird wiederholt. Beide Hände bleiben auch beim Zurückziehen vollständig, nur ohne Druck, auf der Haut liegen. Das Wegnehmen und erneute Ansetzen der Hände werden vom Massierten als äußerst unangenehm empfunden. Dies verunsichert ihn. Ist die Haut kühl oder beginnt er zu frösteln, können Reibungen zwischengeschaltet werden.

3. Die Hände reiben die Haut mit schnellem, kräftigem Streichen, wobei die Bewegungen gegenläufig ausgeführt werden. Die dadurch entstandene Reibungswärme fördert die Hautdurchblutung und begünstigt damit die Aufnahme der Ölwirkstoffe. Reibungen können aber nur auf trockener Haut durchgeführt werden, also: Massagecreme oder Öl entfernen.

4. Richtig ausgeführte Ausstreichungen über mehrere Minuten bringen eine intensive Lockerung der Rückenmuskulatur durch erhöhte Durchblutung im Haut- und Muskelgewebe. Ob diese Ausstreichungen beruhigend oder stimulierend wirken, wird durch das Massagetempo und die Strichrichtung bestimmt. Langsam vom Kopf in Richtung Beine bis zum Beckenkamm wirkt lockernd und einschläfernd, schnell vom Beckenkamm in Richtung Kopf aktiviert unter Umständen bis zur Überaktivität.

Unabhängig von den unterschiedlichen Massagetechniken ist es äußerst wirksam, dem Massageöl ein bestimmtes ätherisches Öl beizumischen – je nachdem, ob Sie tonisieren oder sedieren wollen. Machen Sie sich mit dem Öl Ihrer Wahl durch vorsichtige Eigenversuche vertraut.

Beigabe von ätherischen Ölen

Je nach gewünschtem Effekt kann dem Massagemittel ein beruhigendes oder anregendes ätherisches Öl zugegeben werden. Die Teebaumöle z. B. wirken stimulierend und kräftigend. Zur Beruhigung können sie durch ihre schmerzlindernde und psychisch aufhellende Eigenschaft nur indirekt beitragen. Sie sind kein Schlaf- und Entspannungsmittel. Da sie jedoch das Nervensystem stabilisieren, unterstützen sie den individuellen natürlichen Schlaf-Wach-Rhythmus.

MASSAGECREME BEI MUSKEL- UND GELENKSCHMERZEN

In 25 ml Mandelöl je 5 Tropfen Manukateebaum, Kampfer, Cajeputteebaum, Kiefernnadel und Nelke mischen. In 3 g flüssigem Bienenwachs diese Mischung so lange rühren, bis das Ganze abgekühlt ist und eine helle, gleichmäßige, duftend-leichte Creme entstanden ist.
Sparsam anwenden, um die Haut beim Massieren nicht in eine fette Rutschbahn zu verwandeln. Lieber mehrmals nachfassen, als zu viel Gleitmittel auf die Haut geben.

Die Eismassage

In Stresssituationen und bei schwülem Wetter entspannt die Eismassage. Sie brauchen dazu nur einen großen Einmalhandschuh, Eiswürfel und Speisesalz.

Eine häufige Situation: Büroschluss, Verkehrschaos, womöglich noch Fön oder drückende Gewitterschwüle. Folge: nervliche Überreizung, Müdigkeit und ein dumpfer Druck in Kopf und Nacken. Da gibt es nichts Schöneres als eine Eismassage.

Vorbereitungen

Wir benötigen einen großen Einmalhandschuh oder eine etwa gleich große Gummiblase, eine Handvoll Eiswürfel und einen gehäuften Teelöffel Salz. Das billigste Salz genügt, da es nicht mit der Haut in Berührung kommt. Salz und Eiswürfel in den Handschuh füllen und diesen fest verknoten. Der zu Behandelnde sitzt mit dem Rücken zum Masseur, Haare hochgesteckt, Nacken und obere Rückenpartie frei. Der Kopf hängt locker nach vorn unten, wobei sich das Kinn dem Brustbein nähert.

Wir fassen den Eisbeutel so, dass wir ihn mit leichtem Druck sehr schnell auf der Haut bewegen können. Die ganze Bewegung ist ein Rollgleiten. Die Ecken der Eiswürfel lockern die verspannten Muskeln, und die durch das Salz freigesetzte Kälte regt einerseits die Durchblutung im gekühlten Gebiet an und entzieht andererseits dem Kopf den tagsüber aufgebauten Energiestau.

Phase 1

Wir beginnen immer oben am Haaransatz und dehnen die Massage nach und nach auf den Schultergürtel aus. Mit der freien Hand kontrollieren wir die Hauttemperatur der behandelten Stellen. Tritt eine leichte Rötung auf, ist das Ziel erreicht und wir behandeln diese Stelle nicht mehr weiter. Tritt ein allgemeines Frösteln ein, muss abgebrochen werden, dann gehen wir gleich zu Phase 2 über. Dasselbe gilt, wenn das Eis weh tut.

Beachten Sie bitte: Je schneller der Eisbeutel bewegt wird, desto angenehmer ist das Gefühl.

Die Behandlung bleibt immer im oberen Brustwirbelbereich, denn je tiefer man mit dem Eis kommt, desto unangenehmer und kälter wird es empfunden. Der untere Schulterblattwinkel ist die absolute Grenze für den ersten Behandlungsabschnitt, denn unter der zehnten bis zwölften Rippe liegen links und rechts neben der Wirbelsäule unsere Nieren. Sie sind kälteempfindlich.

Phase 2

Ist nach ca. 2 Minuten Behandlung der Nacken kühl, stellen sich Rechtshänder links neben den zu Massierenden, legen ihre rechte Hand wie eine Schale um dessen Hinterkopf und fordern ihn auf, den Kopf in den Nacken zu legen (Kommando: Nase zur Zimmerdecke). Dabei wird mit der angelegten Hand ein leichter Führungswiderstand (die gewünschte Bewegung wird gebremst) gegeben, der ohne Anstrengung überwunden werden kann. Anschließend den Kopf wieder auf die Brust sinken lassen und nachkühlen. Das Ganze wird 2- bis 3-mal wiederholt. Linkshänder stehen rechts vom zu Massierenden und geben den Führungswiderstand am Hinterkopf mit der linken Hand.

Phase 3

Wir legen die drei mittleren Finger unserer Hände links und rechts neben die Nasenwurzel an die Augenbrauen des zu Massierenden und streichen mit mäßigem Druck über die Stirn, über den Kopf zum Hinterkopf und von da weiter neben der Wirbelsäule bis zum Beckenkamm. Da es sich um eine ableitende Maßnahme handelt, werden hier die Hände wieder neu an den Augenbrauen angesetzt.

Nach einigen Wiederholungen dieser Ableitungsstriche im Verlauf des Gallenblasenmeridians führen wir die folgenden Entlastungsstriche durch. Mit den Fingerspitzen setzen wir über der Nasenwurzel an und streichen über die Stirn nach außen, über die Schläfen und abwechselnd einmal hinter den Ohren und einmal vor den Ohren zu den Nackenmuskeln und dann weiter über den langen Rückenstrecker in Richtung Beckenkamm. Dabei drückt der zu Massierende seinen Kopf stark gegen die Finger des Masseurs, damit dieser den Kopf nicht nach hinten zieht. Sobald wir am Ohr vorbei sind, liegen wieder beide Hände vollständig an. Der Druck soll leicht bis mäßig sein, um Verspannungen zu vermeiden. Diese Striche werden 12-mal wiederholt.

Phase 4

Die nebenstehende Mischung zur Erfrischung hat sich auch als erste Hilfe bei Sonnenstich, Herzrasen, Ohnmacht und epileptischen Anfällen bewährt.

Den Abschluss bildet unser Erfrischungswasser. Emulgieren Sie in 1 EL Zitronensaft 15 Tropfen Cajeputteebaum, 5 Tropfen Kampfer und 5 Tropfen Pfefferminze. Anschließend geben Sie 100 ml Wasser oder hochprozentigen Alkohol zu. Die günstige Wirkung und damit die Entlastung im Kopf-, Herz- und Atmungsbereich werden auf diese Weise noch länger anhalten. Diese Mischung sollten Sie jedoch keinesfalls auf die Schleimhäute und in die Augen bringen. Sollten keine Eiswürfel zu bekommen sein, hilft bereits nur die Einreibung mit dieser Mischung, wenn auch nicht ganz so gut.

ERSTE HILFE BEI SONNENSTICH

✳ Bei Ohnmacht mit hochrotem Kopf Körper hoch lagern und kalte Umschläge mit der in Phase 4 genannten Mischung auf Stirn und Nacken legen.

✳ Bei Ohnmacht mit Blässe und Schockgefahr Körper tief und die Beine hoch lagern, Stirn, Nacken und Herzsegment mit obiger Mischung abreiben.

OHNMACHTSANFÄLLE, EPILEPTISCHER ANFALL

✳ Cajeputteebaum unverdünnt hat seine große Stunde, wenn es darum geht, einen epileptischen Anfall zu stoppen. 3 bis 5 Tropfen zwischen die Lippen genügen.

✳ Bis zum Eintreffen des Arztes das Zurückrutschen der Zunge verhindern, indem mit der Handfläche am Hals zum Kopf gestrichen und der Mundboden in die Mundhöhle gedrückt wird.

✳ Kopf und Gliedmaßen unterpolstern, um Verletzungen so gering wie möglich zu halten.

✳ Tuch oder weichen Keil zwischen die Zähne stecken, um die Zunge vor Bissverletzungen zu schützen.

✳ Auch wenn der Anfall gestoppt ist, den Patienten nicht allein lassen. Der zur Symptomatik gehörende Dämmerzustand ist für den Betroffenen gefährlich.

Bei Ohnmacht ist sehr genau auf die äußeren Symptome (z. B. Hautfarbe) zu achten, um die richtige Lagerung vorzunehmen. Vor allem müssen Sie das Zurückrutschen der Zunge verhindern, da sonst Erstickungsgefahr besteht.

Die Herzreibung

Herzreibung ist bei Herzrasen angesagt.

✳ Der Betroffene liegt mit erhöhtem freien Oberkörper auf dem Rücken. Der Ersthelfer sitzt (Rechtshänder rechts, Linkshänder links) neben dem Kranken ihm zugewandt und führt mit der nassen, kalten Hand, in die er ca. 5 Tropfen Cajeputteebaum gegeben hat, langsam kreisende Bewegungen über den ganzen linken Brustkorb aus.

✳ Der Behandelnde passt die Bewegung dem Atemrhythmus an, verlangsamt und vertieft sie schrittweise. Zunehmend wird auch der Herzschlag beeinflusst: Er wird ruhiger und gleichmäßiger, und fürs Erste ist die akute lebensbedrohliche Situation bis zum Eintreffen des Arztes gebannt.

Angst und Nervosität vermeiden

Dem Patienten zuhören und mit ihm sprechen lenkt ihn von seinem Problem und seiner Angst ab und unterstützt von der seelischen Seite her Ihr Bemühen.

Wichtig für den Ersthelfer: Angst und Nervosität sind schlechte Ratgeber. Die eigene Ruhe, Gelassenheit und Sicherheit sollten auf den Patienten übertragen werden – also keine hastigen Bewegungen und Aussagen wie »Wo bleibt denn der Arzt« oder »Hoffentlich lässt er uns nicht im Stich«. Grundsätzlich wird die Herzreibung so lange durchgeführt, bis entweder der Arzt die Behandlung übernimmt oder, wenn kein Arzt zu erreichen ist, sich Herz- und Kreislauffunktion normalisieren.

Bäder

Vollbad

Ob sich ein Vollbad heilend oder gesundheitsschädigend auswirkt, hängt von verschiedenen Faktoren ab. Deshalb sollten Sie die Wirkstoffe genau kennen, die Sie für den Badezusatz Ihren Bedürfnissen entsprechend einsetzen wollen. Damit Sie das Bad genießen können und die Wirkung der Bäder voll zum Tragen kommt, sollte man die folgenden Punkte beachten.

Ganzkörpertrockenbürstung

Vor jedem Bad, das nicht der Reinigung dient, sollte eine Ganzkörpertrockenbürstung erfolgen, damit abgestorbene Hautteilchen entfernt werden und die Haut besser durchblutet wird. So werden die heilenden Wirkstoffe intensiver aufgenommen und Schadstoffe leichter ausgeschieden. Jede Kneipp-Anwendung beginnt dabei herzfern und arbeitet zum Herzen hin.

Wassertemperatur

✳ Die Wassertemperatur sollte 39 °C nicht überschreiten. Den Badezusatz erst ins Wasser geben, wenn die Badetemperatur erreicht ist.

✳ Bei Herzkranken darf die Badetemperatur nur zwischen 28 und maximal 33 °C liegen. Außerdem darf die Wasserhöhe nur bis zum Bauchnabel reichen, sonst besteht die Gefahr, dass der Kreislauf den Wasserdruck nicht verkraftet.

✳ Damit auch Venenkranke nicht auf ein wohltuendes Bad verzichten müssen, sollten sie die Beine aus dem Wasser herausnehmen und auf dem Wannenrand hochlegen. Dadurch werden die meist geschwollenen Beine schneller entlastet. Gegen Ende der Badezeit die Beine im Wasser vorsichtig aufwärmen und nach Beendigung des Bades die Behandlung mit einem kalten Knie- oder Schenkelguss abschließen.

Bäder gehören zu den angenehmsten Anwendungen von ätherischen bzw. Teebaumölen. Bei unklaren Beschwerden im Bauchbereich allerdings ist – wegen der Gefahr eines Magen- und Darmbruchs – das Baden grundsätzlich untersagt.

Ganz gleich, welches Bad Sie sich mit ätherischen Ölen zubereiten – vergessen Sie nie den Emulgator, da sich sonst die Öle im Wasser nicht auflösen. Notfalls müssen Sie das Badewasser mit der Hand gut durchmischen.

BADEZUSÄTZE

Für ein Vollbad genügen als Badezusatz ca. 10 Tropfen ätherisches Öl in Verbindung mit wahlweise 1 bis 2 EL Öl, Zitronensaft, Vollmilch, Sahne oder Honig als Emulgator. Milchallergiker sollten zugunsten von Zitrone, Öl oder Honig auf Milch und Sahne verzichten.

Badedauer

- Die durchschnittliche Badedauer sollte bei 20 Minuten liegen. In dieser Zeit sind die wichtigsten Stoffe in Haut und Blutbahn übergegangen. Doch bedenken Sie stets: Wichtiger als der Blick auf die Uhr ist immer Ihr persönliches Wohlbefinden.
- Nach dem warmen Bad sollten Sie sich noch kurz mit kaltem Wasser abbrausen, um den Kreislauf anzuregen und die Poren zu schließen.
- Ebenso wie bei Kräuterbädern ist auch bei Ölbädern zu beachten, dass man sie nicht öfter als 2- bis 3-mal pro Woche durchführen soll.
- Eine anschließende Ruhepackung steigert Ihr Wohlbefinden und beschleunigt gegebenenfalls die Heilung.

Im Folgenden sind einige Vollbäder zur Besserung bestimmter Beschwerden aufgeführt.

Erholungsbad

Emulgieren Sie je 5 Tropfen Tea-Tree, Melisse und Lavendel in Zitrone oder Öl, und fügen Sie die Mischung dem Wasser zu.

Dieses Entspannungsbad hat ein sehr breites Wirkungsspektrum. Abgesehen von seiner antirheumatischen, schmerzstillenden Wirkung schont es die Haut, bekämpft Pilze und Bakterien, heilt Wunden und baut seelisch auf, wobei Melisse und Lavendel die notwendige Ruhe spenden.

Rheumabad
Emulgieren Sie je 5 Tropfen Tea-Tree, Cajeputteebaum, Manukateebaum, Kanukateebaum oder Kiefernnadel in 1 EL Öl, und geben Sie die Mischung ins temperierte Badewasser.

Um die Wirkung zu verstärken, können Sie das Badewasser mit 1 kg Soda anreichern, um ein basisches Milieu zu schaffen, das in der Lage ist, die chronische Gewebsübersäuerung über die Osmose auszuschwemmen.

Erkältungsbad
Erkältungsbäder sollten möglichst warm zur Anwendung kommen.

Emulgieren Sie je 5 Tropfen Cajeputteebaum, Kanukateebaum, Kampfer und Eukalyptus in 2 EL Sahne. Um Herz und Kreislauf zu entlasten, können Sie außerdem 5 Tropfen Pfefferminze zusetzen.

Füllen Sie vor dem Bad eine Wärmflasche mit zerstoßenen Eiswürfeln, und kühlen Sie damit die Herzzone während des Bades. Ein Tee aus Linden- und Holunderblüten unterstützt und verstärkt die schweißtreibende Wirkung von Cajeputteebaumöl.

Beachten Sie bitte: Bei hohem Fieber niemals baden, sondern die Ölmischung auf Brust und Rücken einreiben oder als Inhalat auf Honigbasis über den Ultraschallinhalator (siehe Seite 37f.) einatmen.

Bad bei Neurodermitis und Schuppenflechte
Geben Sie 15 Tropfen Manukateebaum – gegebenenfalls durch 30 ml Schwefelbad verstärkt – ins Badewasser.

Manukateebaum ist aufgrund seiner entzündungshemmenden und juckreizstillenden Wirkung das geeignetste Teebaumöl bei Neurodermitis und Schuppenflechte.

Überwärmungsbad

Überwärmungsbäder sind vor allem dann angezeigt, wenn eine Erkältung sich endlos lang hinzieht, ohne so richtig akut zu werden. Mit dieser thermischen »Peitsche« gelingt es, die Erkältung ins akute Stadium zu überführen. Erst jetzt hat der Körper die Möglichkeit, sich gegen die eingedrungenen Viren angemessen zur Wehr zu setzen.

Viren können nicht durch Antibiotika bekämpft werden. Deshalb müssen wir unseren Organismus dazu bringen, Fieber in ausreichender Höhe zu entwickeln, mindestens 39 bis 40,5 °C. Das Tempo der Steigerung der Wassertemperatur richtet sich dabei danach, wie schnell die Körpertemperatur »nachzieht«. Den Anstieg der Körpertemperatur kontrollieren Sie mit einem Fieberthermometer (Messung im Mund).

Faustregel zum Überwärmungsbad: Wenn die Körpertemperatur um 1 °C gestiegen ist, wird die Wassertemperatur um 1 °C gesteigert und gewartet, bis der Körper »nachgezogen« hat.

Zusatz für ein Überwärmungsbad

Emulgieren Sie 10 Tropfen Cajeputteebaum und 5 Tropfen Pfefferminze (bei Pfefferminzallergie Lavendel) in 1 EL Öl oder Sahne und fügen Sie diese Mischung dem Bad zu.

TIPS FÜR DEN NOTFALL

- Kommt es einmal zu einer bedrohlichen Kreislaufreaktion (z. B. Kollaps), geraten Sie nicht in Panik! Wasserablauf der Wanne öffnen, Dusche auf kalt stellen und den Körper so kalt, wie das Wasser aus der Leitung kommt, von unten zum Herzen hin abduschen und eine große Eispackung – immer mit einem dünnen Tuch dazwischen, niemals den Eisbeutel auf die bloße Haut geben – auf die Stirn und in den Nacken legen. Das Bad nicht mehr fortsetzen.
- Kontraindiziert sind alle Formen von Krebs und Krebsvorstadien, Herzinsuffizienz, Kreislauferkrankungen, Schilddrüsenerkrankungen, akute Tuberkulose und andere Infektionskrankheiten, ebenso geschwächter Allgemeinzustand, Psychosen sowie Leber- und Nierenschäden.

Sitzbad

Wenn keine Sitzbadewanne zur Verfügung steht, sind wir auf die Badewanne angewiesen, die bis zur Höhe knapp unter dem Bauchnabel mit warmem Wasser gefüllt werden muss. Sitzbäder werden überwiegend bei Beschwerden des Unterleibs, der Harnleiter, Blase und Harnröhre sowie der äußeren Genitalregion angewendet.

Der Joghurt-Teebaum-Tampon

Ein Joghurt-Teebaum-Tampon schützt die Scheide vor eindringenden Keimen. Beginnen Sie mit 5 Tropfen Manukateebaum oder Myrrhe pro Becher Joghurt, und steigern Sie die Mischung nur so weit, dass es zu keiner Reizung kommt. Teebaum wird hier relativ hoch dosiert, weil nur geringe Anteile in den Tampon übergehen. Bei direktem Auftropfen ist die Verteilung nicht sichergestellt. Bei Dammschnitt keinen Tampon stecken.

Bad bei Scheidenvorhofentzündung, Soor, Blasen-, Harnröhrenentzündung, Analekzem, Analfissuren

Emulgieren Sie 10 Tropfen Teebaum, 15 Tropfen Manukateebaum und 10 Tropfen Deutsche Kamille in Sahne und fügen Sie die Mischung dem Badewasser zu. Die Wassertemperatur soll gut verträglich sein.

Beachten Sie bitte: Keine Scheidenspülungen auf eigene Faust durchführen. Meist wird das Scheidenmilieu nur durcheinander gebracht.

Der T-Wickel

Um eine schnelle Heilung zu erreichen, legen Sie nach dem Sitzbad einen T-Wickel an. Zum Lendenwickel wird ein schmales, dünnes, nasses, aber nicht tropfendes Tuch im 90-Grad-Winkel mittig auf die Wickeltücher gelegt und zwischen den Beinen bis zum Unterbauch durchgezogen und dann geschlossen. Er sollte nach 5 Minuten so weit durchwärmt sein, dass kein Frösteln mehr zu spüren ist. Einige Tropfen Teebaumöl auf das nasse T-Tuch verstärken die heilende Wirkung.

Baden bei Nierenkoliken

Eine höhere Badetemperatur verlangt die Behandlung von Nierenkoliken, um den Krampf der ableitenden Harnwege zu lösen. Daneben muss möglichst viel warmer Tee getrunken werden, um den Harngrieß durch die Harnflut auszuschwemmen. Diese Anwendung darf erst nach gesicherter Diagnosestellung als ärztliche Verordnung durchgeführt werden. Sonst besteht die lebensbedrohliche Gefahr eines Magen- oder Darmdurchbruchs, wenn die Symptomatik falsch zugeordnet wird.

Fuß- und Armbad

Ein Fußbad beginnen Sie immer mit einer indifferenten Wassertemperatur, um auf jeden Fall einen Gefäßkrampf zu verhindern. Nach der Gewöhnung an die Wärme geben Sie wärmeres Wasser zu und steigern so langsam auf 38 bis 39 °C. Soll das Fußbad die Durchblutung anregen und die Gefäßwände stabilisieren, fügen Sie ihm 3 Tropfen Teebaumöl zu. Nach 15 Minuten beenden Sie das Bad mit einem kalten Knieguss.

Bad bei Erfrierungen

Beachten Sie bitte: Das ansteigende Teilbad darf die normale Körpertemperatur nicht überschreiten.

Eine besonders vorsichtige und milde Anwendung der ansteigenden Fuß- und Armbäder erfordern Erfrierungen. Die gefährdetsten Körperteile sind Finger, Zehen, Nasen und Ohren. Menschen mit Durchblutungsstörungen, Alkoholiker, Kinder und alte, verwirrte Menschen sind besonders gefährdet, vor allem wenn die Kleidung zu eng oder feucht ist.

Drei Schweregrade sind bekannt. Grad 1 kann selbst behandelt werden, Grad 2 und 3 – Blasenbildung und Gewebszerstörung – gehören in die Hand des Arztes/Heilpraktikers.

Beim langsam ansteigenden Bad müssen Haut- und Körpertemperatur gleich sein. Emulgieren Sie 5 Tropfen Tea-Tree und 5 Tropfen Cajeputteebaum in Honig und geben Sie die Mischung dem Wasser zu.

Wechselfußbad

Ein Wechselfußbad ist das Mittel der Wahl, um den Körper abzuhärten und die Gefäße zu trainieren. Wir beginnen 1 °C wärmer als indifferent in der warmen Wanne und 2 °C kühler in der kalten Wanne. Badezeit: 2-mal 5 Minuten warm, 2-mal 10 Sekunden kalt im Wechsel.

Nachdem sich unsere Haut an die Temperatur gewöhnt hat, gießen wir heißes Wasser zu und steigern um 1 bis 2 °C. Nach 5 Minuten kommt der kalte Schreck, und nach 10 Sekunden wird noch weiter abgekühlt. Während die Beine in der kalten Wanne sind, wird die warme Temperatur deutlich erhöht und anschließend die kalte noch drastischer abgesenkt. Wir beenden das Wechselfußbad immer nach dem zweiten Kaltreiz. Dadurch entfällt der kalte Knieguss.

Beachten Sie bitte: Bei arterieller Verschlusskrankheit darf das Wechselfußbad nur durchgeführt werden, wenn es der Arzt ausdrücklich verordnet hat. Behandeln Sie nach Möglichkeit nur das gesündere Bein.

WECHSELFUSSBAD BEI ARTERIELLER VERSCHLUSSKRANKHEIT

- Bei arterieller Verschlusskrankheit entscheidet der Arzt, ob vorsichtig ansteigendes Fußbad oder Wechselfußbad mit fast indifferenten Temperaturen am »besseren« Bein therapeutisch wirkungsvoller ist.
- Durch arterielle Verschlusskrankheit belastete Beine weisen oft Hautdefekte auf, die mit Manukateebaum und Niaouliteebaum behandelt werden sollten. Emulgieren Sie davon je 5 Tropfen in Honig und geben Sie die Mischung in die warme Wanne. Venenkrankheiten niemals mit Wärme behandeln, auch wenn die kalten Füße, vor allem abends im Bett, noch so sehr nach einem heißen Fußbad verlangen.
- Immer wenn ein Bad oder Teilbad nicht möglich ist, kann eine Mischung auch als feuchter Umschlag oder Wickel angewendet werden.

Von Kopf bis Fuß gesund mit Teebaumöl

Gerade nach einem stressigen Arbeitstag ist ein Fußbad mit Teebaumöl sehr wohltuend. Teebaumöl schützt und pflegt zugleich trockene, spröde, schuppige und rissige Hautpartien.

Als Teil des Lebenssaftes des Teebaumes stellt das Teebaumöl eine Nährlösung mit wichtigen Aufbaustoffen dar. Als Teil des Abwehrsystems des Teebaumes enthält sein Öl die wirkungsvollsten Breitbandabwehrstoffe gegen die meisten Pflanzen-, Menschen- und Tierkrankheiten. Häufig ist das Teebaumöl den Antibiotika überlegen, die nicht nur die eigentlichen Krankheitserreger bekämpfen, sondern auch die für uns lebenswichtigen Bakterien schädigen. Deshalb ist es das Mittel der ersten Wahl bei durch Viren, Bakterien und Pilze verursachten Erkrankungen.

Allgemeines zu Bakterien, Viren, Pilzen

Als vor über 100 Jahren Robert Koch Bakterien als Krankheitsverursacher erkannte, begann die gezielte Suche nach den Gegnern des menschlichen Lebens. Heute wissen wir, dass auch Pilze und Viren lebensgefährlich sein können. Doch leider ist das Feindbild nicht so einfach, wie wir es gern hätten.

1. Krankheitserreger können nur dann den Körper anhaltend schädigen oder gar vernichten, wenn er im Sinne der Natur minderwertig ist. So brutal es klingt: Mit Hilfe der Krankheitserreger vernichtet die Natur Leben, das nicht mehr ihren biologischen Qualitätsanforderungen entspricht.

2. Die biologische Qualität eines menschlichen Körpers erweist sich an der Leistungsfähigkeit seines Abwehrsystems

(Immunsystems). Ist es in der Lage, den Krankheitserregern Paroli zu bieten, so können ihm Bakterien, Viren und Pilze nichts anhaben.

3. Jede Auseinandersetzung unseres Körpers mit Krankheitserregern schult unser Abwehrsystem. Leben in einer Welt, die arm an Krankheitserregern ist, führt deshalb zu erhöhtem Krankheitsrisiko.

4. Besonders im Darm des Menschen leben Bakterien, deren Hilfe für die Voraufschließung unserer Nahrung und zur Bildung von Vitaminen, Mineralien etc. unverzichtbar ist. Unser Darm entspricht genau genommen den Wurzeln einer Pflanze. Auch an den Pflanzenwurzeln befinden sich Bakterien und Pilze. Sie wandeln die Stoffe des Bodens in eine Form um, die dann von ihnen aufgenommen und in den Säftehaushalt der Pflanze überführt werden kann.

5. Die Anzahl der für uns lebenswichtigen Bakterien wird von unserem Abwehrsystem reguliert. Die Vernichtung überzähliger Bakterien ist zugleich »Schulung« und »Training«, besonders für die jungen Zellen unseres Abwehrsystems. Wir wissen heute, dass unser Abwehrsystem von den meisten Krankheiten, mit denen es einmal in Berührung kam, lebende Krankheitserreger oder deren Giftstoffe zurückbehält. An diesen Stoffen »trainiert« es seinen Nachwuchs. Wenn dieses System funktioniert, sprechen wir von der aktiven Immunität gegenüber Krankheiten.

Künstliche Medikation mittels synthetischer Pillen zeitigt fast immer unerwünschte Nebenwirkungen. Der Einsatz natürlich heilender Substanzen wie in ätherischen Ölen etabliert sich zunehmend als überzeugende Alternative.

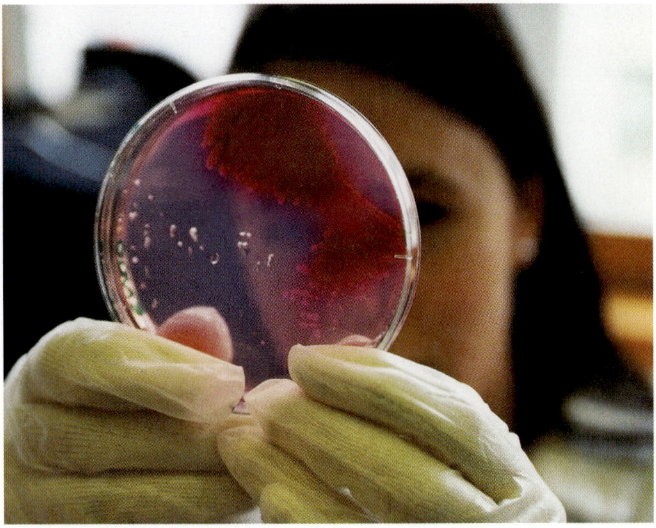

6. Dramatisch wird die Situation, wenn unser Abwehrsystem auf sich allein gestellt mit einer Krankheit nicht fertig werden kann. Mit Hilfe von Antibiotika versucht dann die Medizin, den Bakterien und Pilzen den Garaus zu machen. Gegen Viren dagegen gibt es noch keine derartigen Mittel in der Chemomedizin.

7. Da Antibiotika auch für den Körper nützliche Bakterien vernichten, erfordert die Anschlussbehandlung den gezielten Wiederaufbau der natürlichen Gegebenheiten im Körper durch spezielle Naturheiltherapien, um lebenslange Minderung der Leistungsfähigkeit und vermehrte Anfälligkeit gegen eine Vielzahl von Erkrankungen zu vermeiden. Genau in diesem Bereich ist die einmalige und durch keinen anderen Naturstoff in vergleichbarer Form erreichbare Wirkung der Teebaumöle angesiedelt.

Im Zeitalter der Geißel Aids wird der Bedeutung eines intakten Immunsystems und dessen Stärkung vermehrt Beachtung geschenkt. Teebaumöle erfreuen sich gerade in diesem Bereich wegen ihrer spezifischen Wirkung besonderer Wertschätzung.

Abwehrsteigerung

Als Außenfronten sind Darm und Haut die Hauptabwehrbereiche gegenüber körperfeindlichen Stoffen. Dementsprechend groß ist die Präsenz des Abwehrsystems in diesen Organen. Die Wirkstoffe der Teebaumöle regen das Immunsystem nicht nur zu erhöhter Wachsamkeit an, aufgrund spezifischer Eigenschaften können sie sogar gezielt die Bildung gegen spezielle Krankheiten wirksamer Abwehrkörper fördern. Dies ist je nach Ölsorte unterschiedlich – eine ungewöhnliche Tatsache.

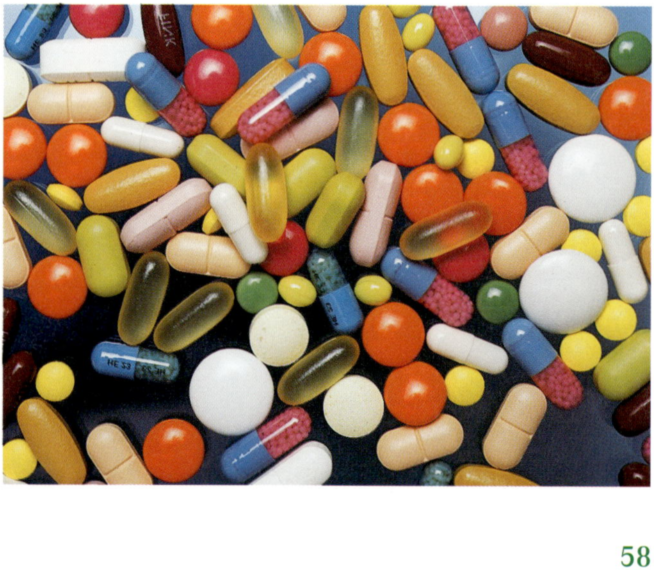

Seit einigen Jahren wird an mehreren Forschungsstätten nach der wissenschaftlichen Begründung dafür gesucht. Prinzipiell müssen wir davon ausgehen, dass unser Körper einige der Krankheitserreger, mit denen er im Lauf des Lebens fertig wurde, weiterhin in sich trägt. Nur so kann er die nachwachsenden Abwehrkörper auf ihre zukünftige Aufgabe vorbereiten.

Bakterien und Mikroorganismen

Zudem beherbergt unser Körper eine Vielzahl von Bakterien und weiteren Mikroorganismen, die ihn im Kampf gegen Eindringlinge von außen unterstützen. Lactobacillus acidophilus und Bifidobacterium bifidus, um nur zwei Namen zu nennen, sind den meisten von uns bekannt. In Darm-, Mund- und Scheidenschleimhäuten verhindern sie z.B. das Eindringen feindlicher Bakterien, Viren und Pilze. Wird dieser Schutzwall doch einmal durchbrochen oder gelingt es, im Körper abgekapselten Erregern auszubrechen, dann erleben wir das, was wir abwertend als Krankheit bezeichnen. In Wirklichkeit ist es der Ausdruck eines lebenswilligen Abwehrsystems.

Im Gegensatz zu Antibiotika schädigen die Inhaltsstoffe der Teebaumöle die für unseren Körper lebensnotwendigen Bakterien nicht und hinterlassen auch keine schwer abbaubaren Substanzen.

Ätherische Öle als Waffe

Mit den Teebaumölen und einer Reihe weiterer ätherischer Öle haben wir eine Waffe, die zumindest die pathogene Giftigkeit (Virulenz) der meisten Krankheitserreger mindert und somit unserem körpereigenen Abwehrsystem die Arbeit deutlich erleichtert. Um den Kampf unseres Abwehrsystems sinnvoll und effektiv zu unterstützen, müssen wir nach einem Schema vorgehen, das sich der Vorgehensweise unseres Immunsystems unterordnet.

Sollte der alleinige Einsatz des Australischen Teebaumöls keine ausreichende Wirkung zeigen, so finden Sie im Folgenden die wirkungsvollste Behandlungsvariante.

Behandlung bei Erkältung, Grippe, Atemwegserkrankungen, Nebenhöhlenproblemen

Am Beispiel dieses mit Schleim- und Eiterbildung einhergehenden Krankheitsbildes lässt sich dies am besten verdeutlichen.

Bei Atemwegs- und Erkältungskrankheiten müssen wir die Behandlung der körpereigenen Vorgehensweise gegen Erreger anpassen. Je nach Krankheitsstadium ist der Einsatz eines bestimmten Teebaumöls angesagt.

1. Schleimbildungsphase

Mit Hilfe des Schleimes versucht der Körper, die Krankheitserreger und ihre Gifte auszuscheiden. Um eine Rückvergiftung zu vermeiden, sollten wir die Schleimhäute durch Einreibung oder Inhalation der desinfizierenden Teebaumöle entkeimen und verstärkt schleimbildende und -lösende Komponenten einsetzen, z. B. mittels Cajeputteebaumöl und Manukateebaumöl. Ergänzend können für die Lymphknoteneinreibungen auch Lorbeer- und Melissenöl eingesetzt werden.

2. Antiseptische Phase

Vom vierten bis siebten Tag steht die keimfeindliche Behandlung auf den Schleimhäuten im Vordergrund. Entzündliche Restzustände sollten zum Abklingen gebracht werden. Australisches Teebaumöl und Niaouliteebaumöl sind jetzt die Mittel der Wahl. Ergänzend kann für die Lymphknoteneinreibungen auch Kriechender Ysop eingesetzt werden.

3. Sicherungs- und Kräftigungsphase

Diese Phasen umfassen die zweite und dritte Krankheitswoche. Nun geht es darum, den positiv verlaufenden Heilungsprozess als bewährte Vorgehensweise im Gedächtnis des Immunsystems zu verankern und eventuell noch im Körper vorhandene Giftstoffe restlos auszuscheiden. Hierbei leisten uns Kanukateebaum- und Niaouliteebaumöl gute Dienste. Ergänzend können für die Lymphknoteneinreibungen auch Ravensara- und Thymianöl aus Marokko eingesetzt werden.

Einsatzmöglichkeiten von Teebaumölen

Abhängig von den hauptsächlich betroffenen Bereichen sollten Langzeitmundspülung, Inhalation, Einreibung, Bad, Fußbad und innerliche Einnahme bevorzugt werden.

✳ **1.** Für großflächige Anwendungen geben Sie ca. 10 Tropfen des Öls oder der Ölmischung in etwas Jojoba-, Haselnuss-, Weizenkeim- oder Avocadoöl. Eine derartige Mischung ist ebenfalls reizungsfrei über die Lymphknoten einsetzbar.

✳ **2.** Je nach Situation können Sie auch mehrere Anwendungen im Laufe eines Tages durchführen. Achten Sie jedoch darauf, dass die Gesamtsumme der zur Anwendung gebrachten Öle 30 Tropfen pro Tag nicht übersteigt.

Abszesse und Furunkel

Abszesse und Furunkel zeigen einen Reinigungsprozess unseres Körpers an. Er versucht auf diese Weise, abgelagerte oder von außen eingedrungene Fremdstoffe auszuscheiden – sicher eine Notlösung, denn normalerweise werden Giftstoffe über Darm, Haut, Nieren und Atmung abgesondert. Dass der Körper zu diesem letzten Mittel greift, weist auf eine allgemeine Vergiftung oder eine örtliche Überlastung hin.

Bei Abszessen und Furunkeln fressen sich weiße Blutkörperchen mit Fremdstoffen voll und versuchen sie möglichst direkt loszuwerden. Dabei bahnen sie sich durch Einschmelzung von Körpergewebe einen Weg nach außen.

ALLGEMEINE KRANKHEITSERREGER

Staphylokokken, Streptokokken und Kolibakterien sind in unserer Umwelt als Krankheitserreger allgegenwärtig. Stören sie den Selbstreinigungsprozess des Körpers, so kommt es zu überschießenden entzündlichen Reaktionen bis hin zu Blutvergiftungen. Deshalb sollte auch ein Arzt oder Heilpraktiker zurate gezogen werden, wenn es durch den Einsatz der im Folgenden vorgeschlagenen Selbsthilfemaßnahmen nicht zu einer kontinuierlichen Besserung kommt.

Einsatzmöglichkeiten von Teebaumölen

✳ **1. Betupfen.** Bei diesem Krankheitsbild steht die keimfeindliche Wirkung des Monoterpenols Terpinen-4-ol aus dem Australischen Teebaumöl mit seiner hohen Effektivität gegen Bakterien, Viren und Pilze im Vordergrund.

Wenn Sie sichergehen wollen, dass die ätherischen Öle gegen alle infrage kommenden Krankheitserreger wirken, sollten Sie das Öl möglichst unverdünnt anwenden. Zeigen sich ausnahmsweise Hautreizungen, dann kann man reines Teebaumöl mit 1 EL Gurkenbrei und 1/2 TL Zitronensaft verdünnen.

✳ **2. Pflaster und Wattebausch.** Neben dem einfachen Betupfen haben sich Pflaster und ein getränkter Wattebausch bewährt. Damit haben wir ein ausreichendes Wirkstoffdepot vor Ort.

✳ **3. Einspritzung.** In einen bereits geöffneten Fistelgang kann man Teebaumöl direkt hineinspritzen und gleichzeitig den Eiter ausschwemmen. Diese Behandlung gehört selbstverständlich in die Hand des Arztes oder Heilpraktikers.

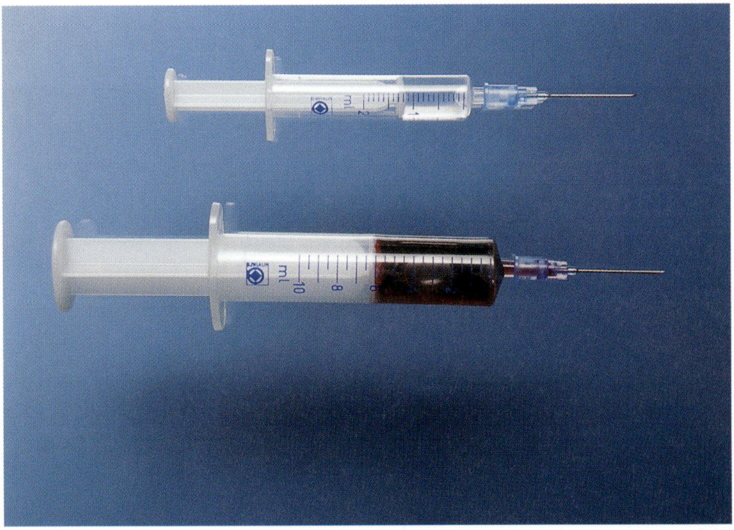

Betupfen, Inhalation, (Mund-) Spülung und Einreibung sind die gängigsten Formen der Anwendung von Teebaumölen. Doch auch die fachkundige Einspritzung wie im Fall eines Abszesses kann Heilung bringen.

Akne

Die meist in der Pubertät auftretende Akne ist die Folge hormoneller Veränderungen. Unnatürliche Ernährung und seelische Ursachen fallen als zusätzliche Belastungsfaktoren in diese Zeit.

Gesicht, Brust und Rücken sind die am häufigsten betroffenen Körperstellen. Überschießende Tätigkeit der Talgdrüsen bildet einen optimalen Nährboden für Bakterien aller Art. Ist die Mitesserbildung zu massiv, sollte unbedingt ein Arzt oder Heilpraktiker zurate gezogen werden, damit eine Entstellung durch zurückbleibende Narben verhindert wird.

Einsatzmöglichkeiten von Teebaumölen

✳ **1. Hautreinigung.** Bei Hautreinigung und Desinfektion der für die Akne verantwortlichen Bakterien ist das Australische Teebaumöl unübertroffen. Bei der Verwendung von Tea-Tree-Hydrolaten, den nicht ölhaltigen Resten aus der Ölgewinnung, müssen dagegen trotz ihrer unbestrittenen antibakteriellen Wirkung Abstriche gemacht werden. Sollte die Wirkung wirklich einmal nicht ausreichen, können Lavendel- und Pfefferminzöl im gleichen Verhältnis zugegeben werden. Mischen Sie etwas destilliertes oder abgekochtes Wasser im Verhältnis 1:1 mit Apfelessig (Aprikosenessig wäre noch besser). Tränken Sie damit ein Wattepad, und geben Sie ca. 3 Tropfen der Ölmischung darauf. Betupfen Sie damit die Pickel.

Hydrolate enthalten die wasserlöslichen Bestandteile des Teebaumölpflanzensaftes. Sie wirken zwar auch antibakteriell, aber bei weitem nicht so intensiv wie das Öl.

✳ **2. Waschung.** 5 Tropfen des Teebaumöls in der Ölmischung mit 1 EL Zitronensaft vermischen und anschließend in 1 l Wasser geben. Sie sollten Einmalwaschlappen oder notfalls stabile Küchentücher aus Hygienegründen bevorzugen.

✳ **3. Gesichtslotion.** Die einfache Zugabe des Australischen Teebaumes oder von Niaouliteebaum zu bereits mit gewissem Erfolg eingesetzten Gesichtslotionen hat sich bewährt. Insgesamt nehmen Sie ca. 20 Tropfen auf 100 ml.

Allergien

Beim Umgang mit ätherischen Ölen, wie z.B. Teebaumöl, kann es in Ausnahmefällen zu allergischen Reaktionen kommen. Andererseits ist gerade das Teebaumöl in der Lage, allergische Reaktionen zu dämpfen.

Beim allergischen Schock wird dem Betroffenen schwarz vor den Augen, weil durch Weitstellung der arteriellen Gefäße der Blutdruck sinkt. Die Bronchien verkrampfen sich, das Herz beginnt zu rasen oder wird langsamer – schlimmstenfalls bis zum Herzstillstand.

Jeder Stoff kann eine Allergie auslösen. Selbst das »Natürlichste« kann ein überempfindliches Immunsystem zu einer Reaktion verleiten. Zwischen fünf Tage und fünf Jahre vergehen erfahrungsgemäß, bis unser Körper das erste Mal auf einen speziellen Stoff hin »durchdreht«.

Bei entsprechender Überempfindlichkeit reagiert unser Abwehrsystem mit örtlicher Entzündung, Ekzemen, Hautrötung und Juckreiz, Magen- und Darmkrämpfen, Verkrampfung der Bronchien, Anschwellung der Schleimhäute, vermehrter Schleimbildung, tränenden Augen usw. In Ausnahmefällen kommt es sogar zum allergischen Schock. Bei dieser so genannten primären Allergie ist der Zusammenhang zwischen dem Stoff, der die Allergie auslöst, und dem Auftreten der Allergie deutlich erkennbar. Viel dramatischer verhält es sich mit der sekundären Allergie: Sie wirkt leise und heimlich an Gefäßen und Gelenken.

Die Reaktion des Körpers testen

Wer ein Immunsystem mit einer gewissen Allergiebereitschaft hat, der sollte grundsätzlich jeden Stoff überprüfen, mit dem er sich bewusst in Berührung bringt. Neben den Testverfahren, die von der Schulmedizin eingesetzt werden, gibt es eine Reihe weiterer Möglichkeiten. Dazu gehören u.a. der Pulstest, der kinesiologische Muskeltest und die Kontakttests. Sie sollten sich auf diese Tests aber nur verlassen, wenn alle drei die gleiche Aussage ergeben. Bei Widersprüchlichkeiten oder Unsicherheiten sollten Sie immer sicherheitshalber auf die Anwendung verzichten!

WIE ALLERGENE IN UNSEREN KÖRPER GELANGEN

- Über die Atmung gelangen Haut- und Haarschuppen, Insektenbestandteile, Sporen, Pollen, Milben, Mehl, Staub, Duftstoffe und Gase etc. in den Atemtrakt.
- Über den Verdauungstrakt gelangen Lebens- und Nahrungsmittel, Konservierungsstoffe, Aromastoffe, Medikamente usw. in unseren Körper. Oft genügt es schon, dass der allergieauslösende Stoff unsere Zunge berührt.
- Über den Hautkontakt gelangen Metallverbindungen wie Chrom, Nickel, Farbstoffe, organische Lösungsmittel, Kunststoffe und Arzneimittel nicht nur in die Haut, sondern auch tiefer bis in die Blutbahn.
- Durch Verletzungen, Insektenstiche und Bisse sowie Spritzen gelangen Bakterien, Viren, Würmer und zudem Desinfektionsmittel und Medikamente in unseren Körper.

Die Körperreaktions-Testverfahren

1. Pulstest

Den Pulstest verwenden Sie als begleitenden Test bei den im Folgenden beschriebenen Verfahren. Er basiert auf der Tatsache, dass jeder Kontakt mit einem Stoff, der unserem Körper »missfällt«, zu einer deutlichen Erhöhung des Pulsschlags führt. Als Basis benötigen wir unseren Normalpuls. Suchen Sie sich eine Pulstaststelle, z.B. an der Schläfe, Halsschlagader oder am Handgelenk, und ermitteln Sie hier in unterschiedlichen, nicht anstrengenden Tagessituationen Ihren durchschnittlichen Puls. Diesen Wert sollten Sie immer im Hinterkopf haben. Er wird erfahrungsgemäß bei 75 plus/minus 10 Schlägen in der Minute liegen. Je belastungsgewohnter Ihr Herz ist, desto niedriger wird er sein.

Wenn Sie zu Allergien neigen, sollten Sie sich mit den drei genannten Selbsttests vertraut machen. Eine sorgfältige klinische Untersuchung ersetzen können sie allerdings nicht.

Bevor Sie mit den weiteren aufgeführten Testverfahren beginnen, ermitteln Sie Ihren aktuellen Puls. Er müsste dem als Durchschnittswert ermittelten Puls in etwa entsprechen. Andernfalls ist die Ausgangssituation für den Pulstest nicht günstig. Sie haben sich aufgeregt, gerade etwas Falsches gegessen oder stehen im Bereich einer magnetischen bzw. elektrischen Störzone etc. Dann ist es günstiger, den Test später und an anderer Stelle zu machen.

Sollte während der weiteren nun aufgeführten Tests eine deutliche Pulserhöhung um ca. 15 Schläge auftreten, so weist dies bereits darauf hin, dass Ihr Körper sich gegen den Teststoff wehrt.

2. Kinesiologischer Muskeltest: O-Ringtest

Eine andere kinesiologische Methode besteht darin, die Kraft des seitlich ausgestreckten Arms im Stehen zu überprüfen. Eine zweite Person versucht dabei, den Arm nach unten zu drücken.

Wie die übrigen Testverfahren ist auch der Muskeltest mit gewissen Unsicherheitsfaktoren behaftet. Setzen wir jedoch alle Tests in der hier aufgeführten Reihenfolge ein, so können wir aus der Summe der Ergebnisse ein sehr verlässliches Resultat erwarten. Mit dem O-Ringtest wird die Druckkraft von Zeigefinger und Daumen getestet.

Setzen Sie sich entspannt, möglichst aufrecht und gerade auf einen Stuhl – also weder Beine noch Arme übereinander schlagen oder verschränken. Sehen Sie entspannt geradeaus. Zwischen Füßen und Knien sollte ein kleiner Abstand bleiben. Die testende Person sitzt rechts oder links neben Ihnen. Sie dürfen beide keine Batteriearmbanduhr tragen.

Mit Daumen und Zeigefinger der dem Tester zugewandten Hand bilden Sie einen festen Ring. Nun halten Sie diesen fest angespannten »Muskelring« dem Tester hin, damit er Ihre Kraft überprüfen kann. Handfläche und Fingerspitzen zeigen dabei nach oben. Auf das Wort »jetzt« hin versucht er mit beiden Händen, Ihren Daumen und Ihren Zeigefinger auseinander zu ziehen.

Hierbei ist wichtig, dass Sie beide ein Gefühl für die aufgewandte Kraft entwickeln. Nun nehmen Sie eine Batterieuhr in die andere, geschlossene Hand, sodass Ihre Handfläche Kontakt mit den Metallteilen der Uhr bekommt. Überprüfen Sie wieder die Kraft des Muskelrings Ihrer Testhand. Bei neun von zehn Personen lässt sich der Muskelring jetzt ohne weiteres öffnen. Sie haben das Gefühl, dass Ihr Befehl zum Halten gar nicht richtig bei Ihrer Hand angekommen ist. Testen Sie noch einmal, nachdem Sie die Uhr wieder beiseite gelegt haben.

In diesem Fall wird die Muskelschwäche durch das elektromagnetische Feld der Uhr aufgebaut. Es wird über Ihre Haut in Ihren ganzen Körper geleitet. Das elektromagnetische Feld der Uhr scheint die elektrochemische Balance der Nervenbahnen Ihres Körpers derart zu stören, dass die Nervenimpulse des Gehirns mit verminderter Intensität auf den Muskelring Ihrer Hand treffen.

Sollte sich bereits beim ersten Test ohne Uhr eine Muskelschwäche zeigen, muss die Thymusdrüse, in der die Intelligenzschulung der spezifischen Abwehrkörper stattfindet, stimuliert werden.

DER SELBSTTEST

Nach einer kurzen Eingewöhnungszeit können Sie diesen Test allein an sich durchführen und sind von keiner Assistenzperson abhängig.

- Im Selbsttest versuchen Sie, Ihre beiden zu Ringen geschlossenen Daumen und Zeigefinger auseinander zu ziehen.
- Nachdem Sie das Teebaumöl in die Ellbeuge eingerieben haben, wird Ihnen der O-Ringtest – durch Stärkung oder Schwächung – zusätzlich anzeigen, wie Ihr Körper im Moment auf das Teebaumöl reagiert.
- Bedenken Sie immer: Es ist nicht das Ziel, den Ring um jeden Preis zu öffnen. Sie sollen vielmehr ein Gefühl für den Unterschied zwischen der Stärke- und Schwächereaktion Ihrer Fingermuskulatur bekommen.

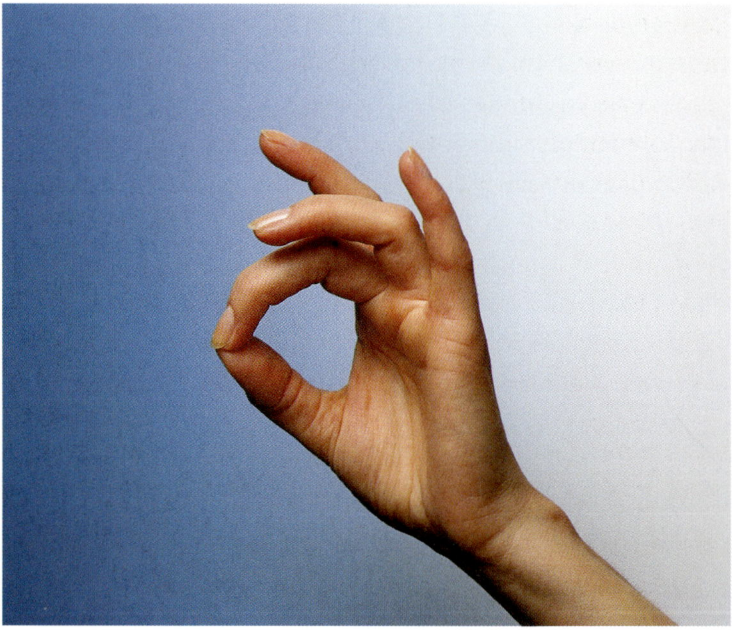

Der O-Ringtest prüft die Druckkraft von Zeigefinger und Daumen. Er dient dazu, das Gefühl für Stärke und Schwäche der Fingermuskulatur zu sensibilisieren.

Die Kontakt-Testverfahren

1. Lymphknotentest

Achselhöhlen, Ellbeugen und Leistenbereich sind mit relativ dünner Haut ausgekleidet und liegen zudem direkt über Lymphknoten. Die Lymphknoten beherbergen besonders viele Abwehrkörper. Man könnte sie als Polizeistationen unseres Körpers bezeichnen.

Reibt man an diesen Stellen einen Tropfen Teebaumöl in die Haut, so kann sich in kürzester Zeit eine allergische Rötung zeigen, eventuell bilden sich sogar Bläschen, und ein unangenehmer Juckreiz macht sich bemerkbar. Dies sind deutliche Hinweise auf eine allergische Reaktion. Bevor Sie Teebaumöl an Ihrem Körper anwenden, ist eine Vorbehandlung erforderlich. (Näheres dazu finden Sie unter »Die aktive Immunisierung mit Teebaumöl« Seite 69ff.) Testen Sie Ihre Reaktion, indem Sie 1 Tropfen Teebaumöl in Ihre linke Ellbeuge einreiben.

2. Augentest

Diesen Test sollten Sie nur machen, wenn sich bei den anderen Tests keine Negativreaktion ergeben hat. Wer schon mit Teebaumöl hantiert hat, wird die Erfahrung gemacht haben, dass es durchaus erträglich ist, wenn man sich aus Versehen einmal etwas Teebaumöl in die Augen reibt – ganz im Gegensatz zum Pfefferminzöl beispielsweise, bei dem noch stundenlang die Augen tränen.

Vermischen Sie 1 EL Milch oder Sojamilch mit 1 Tropfen Teebaumöl. Bei geschlossenen Augen tupfen Sie etwas davon vorsichtig mit dem Finger an die Stelle des Tränendrüsenaustritts, nasenseitig am rechten oder linken Auge. Anschließend mit einem weichen Papiertuch das noch immer geschlossene Auge nach außen hin auswischen.

Normalerweise sollten Sie über Stunden ein deutliches, aber noch angenehmes Frischegefühl an diesem Auge spüren. Tritt ein unangenehmes Brennen und Tränen der Augen auf, so ist eine direkte Verwendung des Teebaumöls für Sie noch nicht geeignet. Bei regelmäßiger Anwendung kann sich über kurz oder lang eine allergische Reaktion, auch an anderen Körperstellen, zeigen.

Gelegentlich führt der Einsatz von Teebaumöl zu brennenden und tränenden Augen – in diesem Fall können homöopathische Verdünnungen helfen (siehe Seite 70).

Die aktive Immunisierung mit Teebaumöl

Wenn die zuvor beschriebenen Tests eindeutig positiv verliefen, also keine Muskelkraftschwächung, keine allergische Reaktion über den Lymphknoten und im Auge stattgefunden hat, dann können Sie das Teebaumöl unbedenklich entsprechend den Hinweisen bei den einzelnen Anwendungsgebieten anwenden.

Ist dies nicht der Fall, sollten Sie vorerst den direkten Kontakt mit dem Teebaumöl meiden, sogar mit Materialien, die damit desinfiziert wurden etc. Trotzdem haben gerade Sie eine große Chance, vom Teebaumöl Hilfe zu erfahren.

Wenn die genannten Tests eine günstige Reaktion auf homöopathische Verdünnungen (D12, D9, D6, D4, D3, D2, D1) zeitigen, ist der Einsatz von 3-mal täglich 1 Tropfen sinnvoll.

HOMÖOPATHISCHE VERDÜNNUNG VON TEEBAUMÖL

Der Einsatz des homöopathisch aufbereiteten Teebaumöls hat nachweislich eine nur bei wenigen Pflanzen zu beobachtende Wirkung. Die richtige Potenz (Verdünnung) vorausgesetzt, kommt es zu einer Regulierung der immunspezifischen Antwort: einer Anregung und zugleich Bremsung überschießender Reaktionen. Wer bei sich also eine ungünstige Reaktion auf das unverdünnte Teebaumöl beobachtet, hat nach unserer Erfahrung eine besonders große Chance, mittels homöopathisch aufbereiteten Teebaumöls die allergische Bereitschaft seines Körpers zu regulieren. Meistens reagieren derartige Patienten auf eine Vielzahl von Stoffen direkt oder verdeckt allergisch. Mit einem gelenkten Abbau der allergischen Reaktion auf das Teebaumöl verschwinden parallel eine Reihe weiterer allergischer Reaktionen auf andere Stoffe.

Zwar verwenden wir in der Praxis außer den genannten noch eine Reihe weiterer Testverfahren, aber es hat sich gezeigt, dass sich in den weitaus meisten Fällen die Ergebnisse unserer elektronischen Geräte mit denen der geschilderten vom Patienten selbst durchgeführten Tests decken.

Die allgemeine Desensibilisierung mit potenziertem Teebaumöl

Dies kommt für Sie infrage, wenn Sie bereits wissen, dass Sie Allergiker sind oder die Reaktion auf die zuvor genannten Testverfahren mit dem Teebaumöl ungünstig war.

Sollten Sie keinen Arzt oder Heilpraktiker in Ihrer Nähe haben, der über den entsprechenden Testsatz verfügt, dann bitten Sie Ihren Apotheker, eine homöopathische Verdünnungsreihe aus reinem Teebaum D1 bis D12 für Sie herzustellen. Beginnen Sie, indem Sie frühestens sieben Tage nach dem ersten Test (siehe Kasten) mit dem unverdünnten Teebaumöl (Urtinktur) den gleichen Test mit dem D12-Fläschchen durchführen. Normalerweise tritt hier keine Reaktion auf. (Wenn Sie mit dem Pulstest oder dem O-Ringtest nicht zurechtkommen, genügt bereits die Aussage des Lymphknotentests und des Augentests.) Nehmen Sie nun 3-mal täglich ca. 1/2 Stunde vor dem Essen 1 Tropfen davon unter die Zunge. Sollten es 2 oder 3 werden, ist dies kein Problem. Nach einer Woche folgt dann der nächste Test mit D9, dann mit D6, D4, D3, D2, D1 und dem Originalfläschchen. Die Zwischenwerte benötigen Sie nur, wenn Sie auf D9 oder D6 bzw. D4 allergisch reagieren. In diesem Fall gehen Sie immer nur einen Schritt abwärts oder bleiben, falls nötig, noch eine Woche bei der höheren Verdünnung.

In ganz wenigen Ausnahmen wird auch noch auf D12 allergisch reagiert. Dann bitten Sie Ihren Apotheker, noch eine Verdünnung D20 und D30 herzustellen, und beginnen auf dieser Ebene.

Die Zeitintervalle von jeweils einer Woche können größer werden, wenn eine allergische Reaktion die längere Beibehaltung einer bestimmten Verdünnung erfordert.

DIE TESTABFOLGE

1. Pulszählung
2. O-Ringtest
2. Lymphknotentest Ellbeuge (Teebaumöl einreiben)
3. O-Ringtest
4. Pulszählung
5. Augentest (wenn zuvor keine Negativreaktion)

DIE DESENSIBILISIERUNG MIT TEEBAUMÖL

1. Woche	D12	5. Woche	D3
2. Woche	D9	6. Woche	D2
3. Woche	D6	7. Woche	D1
4. Woche	D4		

Atemwegserkrankungen, Bronchialbeschwerden, Asthma

Atemwegserkrankungen sind vor allem eine unangenehme Begleiterscheinung der kalten Jahreszeit. Inhalation und Einreibung sind bevorzugte Behandlungsmethoden.

Ebenso wie bei den rheumatischen Erkrankungen müssen Sie im Hinblick auf den Einsatz ätherischer Öle bei Atemwegserkrankungen auf allergische Reaktionen gefasst sein. Allerdings sind die Ergebnisse so beachtenswert, dass der Versuch sich lohnt. Beachten Sie die Hinweise bei Allergien (siehe Seite 64ff.).

Bei den Ölmischungen spielt, neben der immunmodulierenden Komponente, die beruhigende, psychisch entspannende Wirkung eine Rolle.

Einsatzmöglichkeiten von Teebaumölen

✳ **1. Inhalation.** Für die Inhalation geben Sie 6 Tropfen der jeweiligen Ölmischung (siehe Mischungen 1 bis 3 im Kasten Seite 73) in die Duftlampe. Treten hierbei keine Probleme auf, so können Sie die Heißdampfinhalation mit ca. 6 Tropfen der Basismischungen einsetzen.

Oft sind diese beiden Anwendungsformen auch nur mit Australischem Teebaumöl bereits wirkungsvoll genug. In vielen Fällen hilft sogar 1 Tropfen auf dem Kopfkissen oder im Taschentuch, durch das man einige Male atmet.

✳ **2. Einreibung 1.** Eine Steigerung besteht in der Einreibung oder Massage mit diesen Ölmischungen im Brust- und Rückenbereich. Dabei verdünnen Sie 25 Tropfen der jeweiligen Mischung in 50 ml Speise- oder Hautöl.

✳ **3. Kaltdampfinhalation.** Der nächste Schritt zur Beseitigung von Atemwegserkrankungen wäre die Kaltdampfinhalation. Dazu muss 1 Tropfen der jeweiligen Ölmischung erst mit etwas Honig emulgiert, anschließend mit destilliertem Wasser verdünnt und dann in das Inhalatfläschchen gefüllt werden. Sicherheitshalber sollten Sie sich hierbei von einem Arzt oder Heilpraktiker beraten lassen.

ÖLMISCHUNGEN BEI ASTHMA UND SPASTISCHER BRONCHITIS

Die drei Mischungen werden mit jeweils 50 ml Jojobaöl als Trägeröl hergestellt.

- Mischung 1: 15 Tropfen Cajeputteebaum, 5 Tropfen Majoran, 2 Tropfen Thymian (Thymus vulgaris, Typ Thujanol)
- Mischung 2: 10 Tropfen Cajeputteebaum und je 5 Tropfen Muskatellersalbei und Zedernholz
- Mischung 3: 10 Tropfen Cajeputteebaum und je 5 Tropfen Kriechender Ysop und Majoran

- **4. Einreibung 2 und Tampon.** Da über die Nasenreflexzonen der gesamte Atemtrakt beeinflusst werden kann, ist auch die Wirkung eines Nasenöls effektiv. 5 Tropfen der jeweiligen Ölmischung in 10 ml Haselnussöl sind eine günstige Mischung; 2 bis 3 Anwendungen täglich.

Auch mit Hilfe in Öl getränkter Nasentampons aus Papiertaschentüchern werden Sie meist eine spürbare Erleichterung erfahren.

Asthmaanfall

Wegen der Überempfindlichkeit der Bronchialschleimhaut reagiert der Körper auf eine Vielzahl äußerer Reize mit einem Asthmaanfall. Ein Asthmaanfall kann mehrere Stunden dauern. Er äußert sich durch hochgradige Atemnot, pfeifende Lungen, blaue Lippen, kalte Extremitäten, starken Schweißausbruch und heftigen, trockenen Husten mit zähem Schleimauswurf.

Wir unterscheiden zwischen allergischem Asthma und nervös bedingtem Asthma (psychogenes Asthma). Ist keine Nitrokapsel oder kein Spray zur Hand, dann hilft das ansteigende Armbad.

Das meist erblich bedingte Bronchialasthma tritt in regelmäßigen Abständen als Atemnot auf. Auch hier verschaffen die Teebaumöle Erleichterung.

ALLERGISCHES ASTHMA

Bei allergischem Asthma kann eine Behandlung mit ätherischen Ölen helfen. Infrage kommen besonders die Langzeitmundspülung, Inhalation, Duftlampe und Massage im Brustbereich. Aber verwenden Sie nur Stoffe, von denen Sie wissen, dass dagegen keine Allergiebereitschaft besteht! Bei Unklarheit verzichten Sie auf die Zusätze. In jedem Fall sollten Sie vorher mit Ihrem Arzt oder Heilpraktiker sprechen.

Einsatzmöglichkeit von Teebaumölen

✳ **Armbad.** Beim Asthmaanfall machen Sie ein ansteigendes Armbad: Wasserhöhe bis zur Mitte der Oberarme. Erhöhen Sie die Temperatur bis zum Schweißausbruch. So kommt es zur reflektorischen Bronchienerweiterung (nicht bei Herzkranken!). Je 3 Tropfen Australischen Teebaum, Cajeput und Majoran in Sahne, Öl oder Honig emulgieren und dem Wasser zugeben.

Beschwerden im Mundraum

Sofern Reizungen ausgeschlossen sind, ist der Einsatz von Teebaumölen im Mundraum besonders wirkungsvoll, da die Schleimhäute die heilenden Inhaltsstoffe sehr gut aufnehmen.

Der unverdünnte Einsatz der Teebaumöle auf der entzündeten Mundschleimhaut kann zu unangenehmen Schleimhautreizungen führen. Deshalb müssen Sie darauf achten, wie Sie persönlich reagieren. Der mechanische Reiz der Zahnbürste kann eine bereits entzündete Schleimhaut zusätzlich reizen. Aufgrund unserer Erfahrungen hat es sich bewährt, die Öle zu verdünnen, dafür jedoch die Einwirkungszeit auf mindestens 5 Minuten auszudehnen.

Einsatzmöglichkeiten von Teebaumölen

✳ **1. Mundwasser.** Mischen Sie 1/2 l Salbeitee mit je 5 Tropfen Niaouliteebaum, Cajeputteebaum, Pfefferminze und Myrrhe sowie 2 TL Honig. Dieses Mundwasser eignet sich besonders bei der Behandlung von Mundschleimhautentzündungen. Als Prophylaxe ist es ein brauchbarer Schutz vor gehäuft auftretenden Mund- und Halserkrankungen.

✳ **2. Mundspülung.** In eine Tasse mit einer kleineren Menge Speiseöl oder vollfetter Milch bzw. Sojamilch geben Sie eine der vorgeschlagenen Tropfenmischungen (siehe Kasten Seite 76). Sie sollten die Geschmacksveränderung deutlich spüren. Behalten Sie das Gemisch möglichst lange im Mund, ca. 5 Minuten, und spucken Sie es anschließend aus. Sie können diese Anwendung, z.B. bei Schmerzzuständen, durchaus bis zu 15 Minuten mehrmals wiederholen, mindestens jedoch nach jedem Essen bzw. alle 3 Stunden.

Wechseln Sie erforderlichenfalls zwischen den Mischungen, um den Krankheitserregern das Leben besonders schwer zu machen.

✳ **3. Entfernung von Zahnbelägen.** Zahnbeläge entfernt man, indem man die Zähne mit einem Papiertuch abreibt und Zahnseide für die Zahnzwischenräume benutzt. Beides wird mit einer der angegebenen Öl- bzw. Milchmischungen getränkt. Massieren Sie das Zahnfleisch, und reiben Sie mit dem Papiertuch vorsichtig vom Zahnfleisch in Richtung Zahnkrone.

Wenn die Beschwerden abgeklungen sind, sollten Sie biologische Zahn- und Mundpflegepräparate verwenden, die möglichst geringe Mengen ätherischer Öle oder Propolis enthalten. Nur so lernt Ihr Abwehrsystem, die Mundhygiene allein aufrechtzuerhalten.

Die Anwendung von mit Teebaumöltropfen versetztem Mundwasser erfüllt gleich mehrere Zwecke: Sie schützt vor Infektionen des Mund-Rachen-Raumes, verbessert Atemgeruch und Geschmack und lindert Schleimhautentzündungen.

Sie können in einem verschließbaren Glas gleich eine größere Menge zubereiten, wenn Sie die für Sie optimale Mischung herausgefunden haben.

MISCHUNGEN FÜR DIE MUNDSPÜLUNG UND ZUR ENTFERNUNG VON ZAHNBELÄGEN

Als Basisöl nehmen Sie 50 ml Speiseöl oder Milch für jede der im Folgenden vorgeschlagenen Mischungen.

- Mischung 1: 10 Tropfen Australischer Teebaum oder Niaouliteebaum, je 1 Tropfen Melisse, Eucalyptus radiata und Myrrhe
- Mischung 2: 1 Tropfen Manukateebaum oder 5 Tropfen Myrrhe, je 1 Tropfen Deutsche Kamille und Thymian (Thymus vulgaris, Typ Thujanol)
- Mischung 3: 5 Tropfen Niaouliteebaum, je 1 Tropfen Eukalyptus und Menthol
- Mischung 4: 5 Tropfen Cajeputteebaum, je 1 Tropfen Lavendel und Strohblume
- Mischung 5: 5 Tropfen Australischer Teebaum, je 1 Tropfen Salbei und Pfefferminze

Blasenentzündung

Ständiger Harndrang, stechende und brennende Schmerzen bei der Abgabe geringster Mengen von Urin, welche bis in die Leistengegend ausstrahlen können, sind die typischen Zeichen einer Blasenentzündung (Zystitis). Meist ist eine Erkältung oder Unterkühlung die Ursache. Besonders bei Frauen gelangen Bakterien leicht über die Harnröhre in die Blase, weil ihre Harnröhre kürzer ist als beim Mann und deren Ausgang näher am After liegt. Blasensteine oder beim Mann eine vergrößerte Prostata kommen als weitere Ursachen infrage.

Australisches Teebaumöl ist das Mittel der Wahl bei Blasenentzündungen. Die Ausscheidung des Teebaumöls läuft bevorzugt über die Nieren. Deshalb ist es möglich, eine ausreichend bakterienfeindliche Wirkstoffkonzentration in der Blase zu erreichen.

Einsatzmöglichkeiten von Teebaumölen

✳ **1. Einnahme.** Kochen Sie 2 l eines üblichen Nieren- und Blasentees. Wenn er auf Trinktemperatur abgekühlt ist, geben Sie ihn in eine Thermoskanne, in der Sie zuvor 30 Tropfen Australisches Teebaumöl mit 1 EL Zitronensaft vermischt haben. Mindestens alle 15 Minuten von dieser Mischung trinken. Am zweiten Tag sollten 20 Tropfen und am dritten 10 Tropfen genügen. Die innerliche Einnahme der Öle sollte nicht länger als 3 Tage durchgeführt werden!

✳ **2. Einreibung.** Die genannte Mischung oder nur das Australische Teebaumöl ist ebenso zur Einreibung in der Nierengegend geeignet: im Bereich der letzten Rippe und aufwärts bis zur Mitte der sechsten Rippe. Hier wirkt der Haut-Eingeweide-Reflex (siehe S. 112ff.) unterstützend.

✳ **3. Betupfen.** Fügen Sie 12 Tropfen unverdünntes Teebaumöl 1/2 l destilliertem oder abgekochtem Wasser bei. Füllen Sie diese Mischung in eine Flasche ab, und schütteln Sie sie vor Gebrauch durch. Geben Sie ein paar Tropfen auf einen Wattepad, und betupfen Sie damit den Harnröhrenausgang nach jedem Wasserlassen.

✳ **4. Fußbad.** Daneben wirken die Öle in einem ansteigenden Fußbad (siehe Seite 54f.) besonders günstig.

Alternativ zur nebenstehend angegebenen Tropfenmischung können Sie dem Nieren- und Blasentee je 10 Tropfen Australischen Teebaum, Cajeputteebaum und Thymian (Thymus vulgaris, Typ Thujanol) beifügen.

KONTROLLE IST NOTWENDIG

Mit Hilfe von Teststäbchen aus der Apotheke lassen sich die roten und weißen Blutkörperchen als untrüglicher Hinweis auf Entzündungsprozesse einfach nachweisen. Somit kann zudem die Wirkung unserer Teebaumöltherapie überwacht werden. Eine falsch behandelte Blasenentzündung kann im Extremfall in eine Nierenbeckenentzündung übergehen. Ärztliche Kontrolle ist folglich unumgänglich.

Durchblutungsverbesserung, Lymphentstauung

Arteriosklerose ist nicht nur die Ursache für Herzinfarkt und Schlaganfall, sondern auch für die Mangelfunktion aller übrigen Körperorgane einschließlich der Knochenentkalkung (Osteoporose).

Mit zunehmender Empfindlichkeit der medizinischen Messverfahren werden immer häufiger Bakterien und Viren oder Pilze als Krankheitsverursacher entdeckt. Vermutlich verursachen auch Viren und Bakterien die Entzündungen der Gefäßinnenwände, an denen sich dann Eiweiße, Fette und Mineralien ablagern. Verstopfte Gefäße verwehren überall im Körper dem Blut den Zugang zu den Organzellen.

Anregung des Immunsystems

Während der Heilessig vorrangig hilft, die überschüssigen Mineralablagerungen aufzulösen, regen die ätherischen Öle das Abwehrsystem zu erhöhter Wachsamkeit an. Hier sind neben Knoblauchöl die in den folgenden Rezepten eingesetzten Öle eine deutliche Hilfe. Da wir nicht direkt mit den Ölen gegen die Krankheitserreger vorgehen, sondern lediglich das Immunsystem anregen wollen, genügen geringe Mengen. Diese gelangen bei täglicher Anwendung in Form einer Einreibung der Lymphknotenregionen, als Badezusatz oder als Öl- bzw. Milchmundspülung in unseren Körper. Die Öle wirken generell gefäßelastizitätserhöhend und damit durchblutungsfördernd und lymphentstauend.

Neben der effektiven Sofortwirkung findet eine Anreicherung der Wirkstoffe in der Haut statt (so genannte Depotwirkung). Aus diesem Grund tritt der anhaltende Erfolg erst nach einigen Tagen ein.

Einsatzmöglichkeiten von Teebaumölen

✳ **1. Befeuchten.** Geben Sie 10 Tropfen Australisches Teebaumöl oder Niaouliteebaumöl auf ein mit Wasser angefeuchtetes Küchentuch. Das Tuch etwas durchdrücken und Beine oder Arme damit befeuchten.

LOTIONEN FÜR BEINE UND ARME

✳ Lotion 1: Vermischen Sie 50 ml Zitronensaft mit 50 Tropfen Niaouliteebaum, 10 Tropfen Mastix und 20 Tropfen Zypresse.

✳ Lotion 2: Lösen Sie 1 TL Honig in 50 ml warmem Apfelessig oder – noch besser – Orangen- bzw. Zwetschgenessig vollständig auf. Mischen Sie 50 Tropfen Niaouliteebaum und je 20 Tropfen Mastix und Zypresse hinzu.

✳ **2. Einreibung.** Sehr wirkungsvoll ist es, das Teebaumöl in den Hohlfuß, den Bereich der Achillessehne, die Kniekehle und die Leistengegend einzureiben. Das gilt ebenso für Achselhöhle, Ellbeuge und Pulsgegend bei Durchblutungsstörungen in den Armen. Nehmen Sie 25 bis 50 Tropfen in 50 ml Öl verdünnt.

✳ **3. Lotionen.** Die angegebenen Lotionen (siehe Kasten) kann man je nach Bedarf auf Beine oder Arme auftragen – nicht einmassieren!

Erschöpfung, Ermüdung

Das menschliche Schlafbedürfnis ist unterschiedlich – die Spannweite bei namhaften Persönlichkeiten z. B. ist mit 4 Stunden (A. Schweitzer) bis 12 Stunden (A. Einstein) beträchtlich. Zum Alter hin abnehmend, können 6 bis 9 Stunden als normal angesehen werden. Wer die Möglichkeit zu einem Mittagsschlaf von 20 bis 30 Minuten hat, sollte dies ausnutzen. Meist spart man durch den Mittagsschlaf 1 Stunde Nachtschlaf ein.

Liegen keine akuten oder chronischen Erkrankungen vor, so könnte eine Schwäche der Hormonproduktion in den Nebennieren oder eine Schilddrüsenunterfunktion schuld daran sein, wenn Sie nach ausreichendem Schlaf noch immer müde und erschöpft sind.

Autogenes Training und Meditation sind Entspannungsmethoden, die einen gesunden Schlaf fördern. Darüber hinaus tonisieren sie die Muskulatur und entlasten die Wirbelsäule.

Teebaum als Anregung

Pinus sylvestris, das Öl der Kiefernnadel, war bereits bei den Römern für seine wach machende Wirkung bekannt. Wir kennen es als Ersatz für den Kanukateebaum. Die im Kasten (siehe Seite 81) beschriebenen Ölmischungen sollten, auch wenn sie entsprechend wirken, nicht als Kaffeeersatz angesehen werden. Für eine Daueranwendung sind sie nicht geeignet, wohl aber, um sich einige Tage »über die Runden« zu bringen und sich gleichzeitig vor erschöpfungsbedingten Infektionen und Fehlreaktionen zu schützen. Wenn Sie nach einer Woche der Anwendung nicht wieder ganz fit sind, sollten Sie mit Hilfe eines Arztes oder Heilpraktikers der Ursache Ihres Erschöpfungszustandes auf den Grund gehen.

Einsatzmöglichkeiten von Teebaumölen

* **1. Einreibung.** Australisches Teebaumöl pur oder eine der beschriebenen Ölmischungen mehrmals täglich in der Nierengegend einreiben und anschließend mit dem Handrücken den Bereich abklopfen.

Teebaumöle machen müde Geister – und Körper – wieder munter. Vor allem die Ganzkörperbehandlung mit Revitalisierungsmischungen (siehe Seite 81) nach dem Duschen oder einem entspannenden Bad bringt Sie wieder auf Trab.

REVITALISIERUNGSMISCHUNGEN

Die Mischungen sind als Zugabe für 50 ml Jojoba- oder Haselnussöl gedacht.

* Mischung 1: 15 Tropfen Cajeputteebaum, 5 Tropfen Majoran, 2 Tropfen Thymian
* Mischung 2: 15 Tropfen Cajeputteebaum und 2 Tropfen Nelke oder 1 Tropfen Zimt
* Mischung 3: 15 Tropfen Niaouliteebaum und 2 Tropfen Pfefferminze

* **2. Ganzkörperbehandlung.** Vermischen Sie die Tropfen einer Mischung (siehe Kasten) mit 1 EL Zitronensaft. Diese Mischung verteilen Sie möglichst großflächig auf dem Körper – am besten auf die noch feuchte Haut nach dem Duschen.
* **3. Badezusatz.** Die Tropfen einer Mischung in 2 EL Sahne, Honig oder Zitronensaft vermischt, geben Sie als Badezusatz in das temperierte Wasser.
* **4. Einnahme.** Die innere Anwendung dieser Öle führt zu unkontrollierbaren Blutdruckschwankungen und sollte daher nur in Absprache mit einem erfahrenen Therapeuten durchgeführt werden.

Gürtelrose

Gürtelrose (Herpes zoster) ist eine Nervenentzündung, die – wie übrigens auch die Windpocken – durch das so genannte Zostervirus ausgelöst wird. Zuerst tauchen brennende Schmerzen auf. Zwei Tage später sind gelblich rote Bläschen zu sehen. Inzwischen sind auch die regionalen Lymphknoten angeschwollen.

Bei Verdacht auf Gürtelrose ist ein sofortiger Arztbesuch unumgänglich. Er allein kann entscheiden, ob die Behandlung mit einem Teebaumöl oder unseren Ölmischungen ausreichend ist.

Von Gürtelrose befallen werden können Gesicht, Brust und Lendenbereich. Manchmal wird sie von Fieber und Schweißausbrüchen begleitet.

GÜRTELROSEMISCHUNGEN

- Mischung 1: Jeweils 10 Teile Australischer Teebaum, Ravensara und Calophyllum
- Mischung 2: Jeweils 10 Teile Cajeputteebaum, Niaouliteebaum und Ravensara
- Mischung 3: Jeweils 10 Teile Manukateebaum, Eucalyptus radiata und Deutsche Kamille

Sollten die nebenstehend genannten Anwendungen mit Teebaumölen nicht zur Heilung führen, sollte ein Arzt zu Rate gezogen werden.

Einsatzmöglichkeiten von Teebaumölen

- **1. Auftragen auf die Haut.** Sie sollten so früh wie möglich das Australische Teebaumöl unverdünnt auftragen. Behandeln Sie die entsprechende Stelle und die Lymphknoten in der Umgebung des Krankheitsherdes 3- bis 5-mal täglich. Die Ölmischungen (siehe Kasten) verstärken die Wirkung des Teebaumöls.
- **2. Auflage.** Falls erforderlich, kann zur weiteren Schmerz- und Juckreizlinderung eine Menge von insgesamt 30 Tropfen der Ölmischungen in 250 g Sahnequark, Tofu oder Lehm gemischt und als Auflage verwendet werden.
- **3. Nachbehandlung.** Zur Sicherung des Ergebnisses sollten 60 Tropfen der Mischung 2 in etwas Avocado- oder Jojobaöl gemischt und täglich einmal eingerieben werden.
- **4. Langzeitmundspülung.** In vielen Fällen genügt es, bei der nächsten Andeutung einer Krankheitsentwicklung die Ölmischungen allein als Langzeitmundspülung (siehe Seite 35) einzusetzen. Im Erfolgsfall haben Sie den Beweis, dass die spezifische Anregung des Immunsystems ausreichend war und keine lokale Desinfektion mit Teebaumöl mehr erforderlich ist.

Hämorrhoiden

Hämorrhoiden sind Krampfadern im Enddarm (innere) oder am After (äußere). Schuld ist meist regelmäßige Stuhlverstopfung. Die Kostmassen pressen die Venen der Mastdarmwand auseinander und erweitern sie oder bringen sie gar beim Herauspressen des Stuhls zum Platzen. Häufiges Trinken und faserreiche Kost halten den Stuhl geschmeidig – das ist die wichtigste Therapie.

Einsatzmöglichkeiten von Teebaumölen

✳ **1. Einreibung.** In 50 ml Olivenöl, ein anderes Basisöl oder Joghurt geben Sie je 25 Tropfen Niaouliteebaum und Mastix. Dieses Öl kann nach dem Stuhlgang so tief wie möglich in den Darm eingerieben werden. Ein mit der Ölmischung getränktes Papiertuch vorsichtig in den After einführen und dort belassen, solange es angenehm ist.

✳ **2. Zäpfchen.** Sie können Zäpfchen selbst herstellen, indem Sie 2 Teile Kakaobutter (aus der Apotheke) im Wasserbad erwärmen und mit 1 Teil Olivenöl oder einem anderen Öl mischen. Vor dem Erstarren mischt man pro 10 ml der Öl-Kakaobutter-Mischung 10 Tropfen des ätherischen Öls unter.

Sie können Hämorrhoiden vorbeugen, indem Sie beispielsweise kalte Sitzgelegenheiten (Stein, Fliesen) meiden oder sich regelmäßig sportlich betätigen (z. B. Schwimmen).

Hauterkrankungen, infektiöse

Die Milde besonders des Australischen Teebaumöls erlaubt sogar eine Anwendung auf offenen Wunden. Dadurch eignet es sich in optimaler Weise für die Keimverminderung auf entzündlich erkrankter Haut.

Einsatzmöglichkeiten von Teebaumölen

✳ **1. Bakterielle Dermatitis.** 3- bis 5-mal täglich sollten Sie die betroffenen Hautstellen mit einer der angegebenen Mischungen (siehe Kasten Seite 84) bestreichen.

✳ **2. Eitrige Infektionen.** Australisches Teebaumöl oder Manukateebaumöl unverdünnt auf die befallenen Hautbereiche auftragen, möglichst 5-mal täglich. Calophyllumöl kann die Wirkung noch verstärken.

Erwiesenermaßen verschlimmern sich Hautentzündungen unter Stress. Versuchen Sie deshalb, auch mit Entspannungstechniken wie Yoga oder autogenem Training gegenzusteuern.

✳ **3. Trockene Ekzeme.** Mischen Sie 10 ml Cajeputteebaumöl oder Manukateebaumöl, 5 ml Calophyllum und je 2 ml Karottenöl und Palmarosa mit 50 ml Avocadoöl oder Hagebuttenkernöl. Tragen Sie die Mischung 4- bis 5-mal täglich auf die trockenen Hautstellen auf. Der Juckreiz wird gemildert und die Hautregeneration unterstützt.

✳ **4. Nässende Ekzeme.** Vermischen Sie für die Behandlung 10 ml Australisches Teebaumöl, 5 ml Calophyllum, 2 ml Eucalyptus citriodora, 3 ml Thymian (Typ Thujanol) mit 30 ml Hagebuttenkernöl.

✳ **5. Unterschenkelgeschwüre.** Vermischen Sie 10 ml Australisches Teebaumöl oder Manukateebaumöl, 20 ml Calophyllum, 3 ml Lavendel, 2 ml Lorbeer mit 30 ml Hagebuttenkernöl. Verband und ölgetränkte Wundauflage wechseln Sie 3- bis 5-mal täglich.

✳ **6. Zellulitis.** Je 10 ml Australisches Teebaumöl oder Niaouliteebaumöl und Atlaszeder sowie je 2 ml Eucalyptus radiata, Zitrone, Salbei, Zypresse und Lavendel mit 100 ml Haselnussöl vermischen. Sie sollten 3 äußerliche Anwendungen täglich durchführen. Innerhalb 1 Monats sollte sich eine Besserung andeuten. Andernfalls hat es keinen Sinn, weiter diese Mischung einzusetzen. Nicht während der Schwangerschaft anwenden!

ÖLE GEGEN DERMATITIS

Die Mischungen werden mit jeweils 50 ml Mandelöl, Erdnussöl, Haselnussöl oder Avocadoöl als Trägeröl hergestellt.

✳ Mischung 1: 15 ml Australischer Teebaum

✳ Mischung 2: Jeweils 5 ml Australischer Teebaum, Thymian und Eucalyptus globulus

✳ Mischung 3: Jeweils 5 ml Manukateebaum, Deutsche Kamille und Lavendel

✳ **7. Warzen.** Australisches Teebaumöl allein vermag Warzen wenig anzuhaben. Zu gleichen Teilen gemischt mit Thymian (Typ Thujanol), Nelke und Oregano, verstärkt es die Wirkung dieser Öle. Wenn die Warzen vom umgebenden Gewebe abgestoßen werden, sieht es anfänglich häufig so aus, als ob sie größer werden würden.

Hautprobleme

Um den Säureschutzmantel der Haut zu erhalten, sollten Sie auf die Anwendung von Seifen verzichten, die das biologische Gleichgewicht in und auf der Haut stören könnten. Wir verbinden häufig den weichen Schaum eines Vollbades mit dem Gefühl der Sauberkeit. Dabei besteht gerade dieser aus chemischen Seifen, die unsere Haut mehr belasten als pflegen.

Störungen im Körper machen sich auch auf der Haut bemerkbar. Wir bekommen Pickel, Schuppen und Ekzeme. Wenn unser Immunsystem zu schwach ist, kommen noch Infektionskrankheiten, offene Geschwüre, Furunkel und Allergien hinzu. Dies sind Versuche unseres Körpers, gesundheitszerstörende Gifte und Abbauprodukte auszuscheiden.

Bei Hautunreinheiten bieten die hochwertigen naturbelassenen Pflanzenölauszüge optimale Pflege. Eine intensivere Anwendung belebt die Haut und macht sie weich und geschmeidig.

Die Reinigung von Giften

Um die reinigende Kraft des Körpers zu unterstützen, sollte man auf Seifen verzichten. Dafür gibt man Teebaumöl in Waschlotionen, die auf einen pH-Wert von 5,5 eingestellt sind. Auch in geringen Spuren aufgenommen, unterstützt Teebaumöl die Entgiftung über Darm und Nieren, sodass die Haut entlastet wird. Zudem verhindert es Infektionen im Hautbereich.

Führen Sie keine Anwendung durch, ohne vorher gründlich Ihr Gesicht zu reinigen. Eine heiße Kompresse öffnet die Poren und macht sie aufnahmefähiger.

Einsatzmöglichkeiten von Teebaumölen

✳ **1. Allergien oder Juckreiz.** Hier hilft eine Mischung aus 30 Tropfen Manukateebaum und 20 Tropfen Lavendel in 50 ml Jojobaöl.

Zusätzlich kann die Manukateebaumölwirkung durch kurzfristige Eisauflagen angeregt und unterstützt werden. Wichtig: Wenden Sie Eisauflagen nur an, wenn der Körper warm ist. Fängt das Eis an, unangenehm zu werden, brechen Sie die Behandlung sofort ab. Die darauf erfolgende lokale Durchblutungssteigerung versorgt das Gewebe mit lebensnotwendigen Nahrungs- und Abwehrstoffen.

✳ **2. Empfindliche Haut.** In eine bewährte Gesichtscreme oder 50 ml Macadamianussöl – neben Jojobaöl das ergiebigste, aber leider auch teuerste Trägeröl – geben Sie 8 Tropfen Niaouliteebaum und 2 Tropfen Myrrhe.

✳ **3. Matte, fahle Haut.** In 50 ml Haselnussöl geben Sie je 25 Tropfen Cajeputteebaum, Niaouliteebaum und Rosmarin (Typ Verbenon).

✳ **4. Alternde, fahle Haut.** Mischen Sie 10 ml Jojobaöl, 1 TL frischen Mangosaft und 10 Tropfen Niaouliteebaum und tragen Sie es auf.

Regelmäßig kalte Gesichtsgüsse, Trockenbürstung und Grimassengymnastik der Gesichtsmuskulatur erhalten die Durchblutung der kleinen Kapillaren aufrecht.

TEEBAUMÖLE FÜR DIE HAUT

Je nach Hautproblem nutzen wir die Wirkungseigenschaften der verschiedenen Teebaumarten.

* Stehen Juckreiz, Allergie und ein Insektenstich im Vordergrund, ist Manukateebaum das Mittel der Wahl. Es stillt den Juckreiz und wirkt antiallergisch sowie neutralisierend bei histaminbedingten Reaktionen.
* Durch Stress und Umweltschadstoffe belastete Haut verliert zunehmend an Elastizität und Lebendigkeit. Cajeputteebaum, Niaouliteebaum und Manukateebaum sind in besonderem Maß geeignet, diesen Mangel wieder auszugleichen.
* Kanukateebaum und Lavendel regulieren die Produktion der Talgdrüsen und schützen vor Infektionen der fettigen Haut, die sonst einen optimalen Nährboden für Bakterien darstellt.

Zur Behandlung der Haut müssen ätherische Öle fast immer verdünnt werden. Benutzen Sie zu diesem Zweck nur kaltgepresste pflanzliche Trägeröle (Avocado-, Haselnuss-, Sonnenblumensamen-, Weizenkeim-, Macadamianuss-, Jojobaöl).

* **5. Zu Fältchen neigende Haut.** In 50 ml Haselnussöl geben Sie je 15 Tropfen Niaouliteebaum und Grüne Myrte. Oder Sie mischen 20 ml Avocadoöl mit 10 Tropfen Niaouliteebaum, je 5 Tropfen Muskatellersalbei, Manukateebaum und Lavendel sowie 2 EL Gurkensaft. Reiben Sie Gesicht, Hals und Dekolletee kräftig damit ein.

Auch eine Gesichtsmaske kann hilfreich sein. In 125 g Magerquark geben Sie 1 EL Papayasaft und 25 Tropfen Niaouliteebaum. Auftragen, trocken werden lassen und anschließend mit viel lauwarmem Wasser abwaschen.

* **6. Trockene, schuppige Haut.** 20 ml Avocadoöl, je nach gewünschter Festigkeit 3 bis 6 g flüssiges Bienenwachs, 5 Tropfen eines Teebaumöls, am besten Cajeputteebaum oder Niaouliteebaum, und 3 Tropfen Palmarosa verarbeiten Sie zu einer Creme.

✳ **7. Fette, zu Pickeln neigende Haut.** Als Gesichtslotion eignet sich eine Mischung aus 3 EL Gurkensaft, 1 TL Honig sowie je 3 Tropfen Niaouliteebaum und Manukateebaum. Diese Mischung sollten Sie 2- bis 3-mal täglich auftragen.

Oder Sie geben in 50 ml Jojobaöl je 5 Tropfen Kanukateebaum und Lavendel. Die Wirkung wird durch vorherige Trockenbürstung und gründliche Gesichtsreinigung verstärkt.

✳ **8. Strapazierte Haut.** Diese Ölmischung soll der Haut wieder neues Leben schenken – selbst für strapazierte Hände ist sie eine Hilfe. In 50 ml Mandelöl geben Sie je 5 Tropfen Cajeputteebaum und Niaouliteebaum sowie 8 Tropfen Palmarosa.

✳ **9. Strahlengeschädigte Haut.** In Absprache mit dem behandelnden Arzt können Sie die Regenerationskraft des Niaouliteebaums nutzen. In 50 ml Macadamianussöl geben Sie 20 Tropfen Niaouliteebaum.

Eisauflagen, Gurkenmasken, Gesichtscreme, -wasser oder -lotion – das Spektrum der Anwendungsmöglichkeiten von Teebaumölen zusammen mit anderen ätherischen Ölen zur Linderung und Beseitigung von Hautirritationen ist schier unbegrenzt.

✳ **10. Hautausschläge.** In 25 ml Jojobaöl geben Sie 5 ml Australischen Teebaum. Auf nässende Stellen tragen Sie Teebaum pur auf.

✳ **11. Verletzungen.** Ist die Haut durch Verletzungen geschädigt, schützt Tea-Tree-Öl vor Vereiterungen und Entzündungen und regt den Zellaufbau an. Bereits pures Australisches Teebaumöl leistet gute Dienste. Eine Ölmischung aus je 10 ml Hagebuttenkernöl und Haselnussöl sowie 5 ml Australischem Teebaumöl gleicht in optimaler Weise die austrocknende Wirkung des Teebaumöls aus.

✳ **12. Pickel, Pusteln, Blasen.** Pickel sollten niemals ausgedrückt werden. Geben Sie 1 bis 2 Tropfen Tea-Tree auf den Pickel. In kürzester Zeit ist er narbenfrei eingetrocknet.

Tea-Tree auf Pusteln und Blasen lindert den Schmerz, beschleunigt die Heilung und verhindert extreme Narbenbildung.

Heiserkeit

Mit der Atemluft gelangen ständig Bakterien und Viren in den Hals- und Rachenraum. Ist unser Immunsystem durch körperliche Überforderung, Stress oder Krankheit bereits geschwächt, so haben die Bakterien und Viren eine Chance, sich einzunisten.

Die Beschwerden beginnen mit Brennen und Trockenheit im Hals, Heiserkeit, Lymphknotenschwellungen und Behinderungen beim Schlucken. Bereits eine Erkältung kann zur Kehlkopfentzündung führen. Beherdete Mandeln kommen als weitere Ursache infrage. Als Begleiterscheinung von Bronchitis, Keuchhusten, Lungenentzündung, Grippe und Masern kommt es ebenfalls zu einer Kehlkopfentzündung. Der Rachenkatarrh ist die Folge lang anhaltender Reizungen, beispielsweise durch Rauchen und Erkrankungen benachbarter Organe des Kehlkopfes.

Eine »harmlose« Heiserkeit kann sich, wird sie nicht rechtzeitig behandelt, zu schwerwiegenden gesundheitlichen Beeinträchtigungen auswachsen – bis hin zur Kehlkopfentzündung.

Hauptsymptom ist eine unnatürliche Veränderung der Stimme. Die Stimme kann sogar vorübergehend vollständig verloren gehen.

Einsatzmöglichkeiten von Teebaumölen

✳ **1. Langzeitmundspülung und Einreibung 1.** Die Langzeitmundspülung (siehe Seite 35) mit Australischem Teebaum reicht in vielen Fällen zur Heilung aus. Für jede Spülung nehmen Sie 1 Tropfen der ätherischen Öle und führen diese 3-mal täglich durch.

Gleichzeitig reiben Sie die Lymphzonen rechts und links des Halses mit verdünntem Teebaumöl ein. Geben Sie 25 Tropfen in 50 ml eines Öls oder 2 Tropfen Teebaum auf 1 EL Öl.

✳ **2. Inhalation.** Auch das Atmen durch ein mit 1 Tropfen Teebaumöl getränktes Tuch bringt die abwehrstimulierenden Stoffe an den Ort des Krankheitsgeschehens. Für die Heißdampfinhalation brauchen Sie insgesamt ca. 6 Tropfen.

✳ **3. Einreibung 2.** 20 Tropfen Cajeputteebaum und 10 Tropfen Niaouliteebaum in einer Mischung aus je 25 ml Hagebuttenkernöl und Haselnussöl sind die wirkungsvollste Waffe gegen Stimmprobleme. Reiben Sie Hals-, Nacken- und Brustbereich damit ein. Ersatzweise können Sie Speise- oder Massageöle verwenden.

Herpes simplex

Ein geschwächtes Immunsystem ist allgemein anfällig für Virusinfektionen. Manchmal jedoch ist die Abwehrfähigkeit nur gegenüber einer bestimmten Virengruppe vermindert.

Herpes simplex ist eine Virusinfektion der Haut. Sie tritt in den Mundwinkeln, im Lippen-, Nasen- oder Genitalbereich auf. Mit einem unangenehmen Jucken und Kribbeln deutet sich der Beginn der Erkrankung an, in deren Verlauf kleine durchsichtige Hautbläschen entstehen, um später bräunlich zu werden und als Schuppen abzufallen. Wer mit den Symptomen vertraut ist, beginnt bereits bei den ersten Anzeichen des Kribbelns mit dem Auftragen der unverdünnten Öle.

MISCHUNGEN GEGEN HERPES

- Mischung 1: 10 Teile Australischer Teebaum, je 5 Teile Lavendel und Ravensara
- Mischung 2 (nicht während der Schwangerschaft!): 10 Teile Australischer Teebaum, je 5 Teile Kriechender Ysop und Zypresse
- Mischung 3: 10 Teile Australischer Teebaum, je 5 Teile Palmarosa und Thymian (Thymus vulgaris, Typ Thujanol)

Einsatzmöglichkeiten von Teebaumölen

- **1. Auftragen auf die Haut.** Das Australische Teebaumöl ist sehr wirksam gegenüber Herpesviren. Es muss unverdünnt 3- bis 5-mal täglich aufgetragen werden. Sobald sich eine Hautaustrocknung andeutet, sollte man die Haut, nachdem das Teebaumöl eingezogen ist, mit Haselnuss- oder Mandelöl einreiben.

Die angegebenen Ölmischungen (siehe Kasten) verstärken die Wirkung des Teebaumöls. Auch sie sollten großflächig und unverdünnt aufgetragen werden.

- **2. Langzeitmundspülung.** In vielen Fällen reicht es bei der nächsten Andeutung einer Krankheitsentwicklung, die genannten Ölmischungen allein als Langzeitmundspülung (siehe Seite 35) einzusetzen. Im Erfolgsfall haben Sie den Beweis, dass die spezifische Anregung des Immunsystems ausreichend war und keine lokale Desinfektion mit Teebaumöl mehr erforderlich ist.

Alternativ zum Teebaumöl können Sie auch eine Zinksalbe oder reinen Alkohol auftragen, die ebenfalls für eine rasche Austrocknung und Abheilung der Bläschen sorgen.

Hexenschuss, Ischiasbeschwerden

Während der Hexenschuss meist durch eine unglückliche Bewegung ausgelöst wird und sich ebenso schnell wieder verflüchtigen kann, ist das Ischiasleiden ein entzündlicher Prozess.

Unterkühlung oder ein mechanischer Reiz, der von ungünstig stehenden Wirbelkörpern bzw. einer beschädigten Bandscheibe ausgeht, reizt den Nerv im Bereich der Lendenwirbelsäule. Entsprechend dem Verlauf der drei Nervenäste scheint der Schmerz nun seitlich oder an der Rückseite des Beines, manchmal sogar bis zum Fuß zu ziehen. Mit zunehmender Muskelspannung versucht unser Körper, die Wirbelkörper in eine günstigere Stellung zu ziehen. Wenn es ihm gelingt, dann verschwindet der Ischiasschmerz von allein. Andernfalls empfinden wir unseren Rücken nur noch als »bretthartes« Muskelkorsett.

Die Vielseitigkeit von Teebaumöl zeigt sich auch bei Muskelverspannungen und -verkrampfungen – man kann es sowohl auf die schmerzenden Stellen einmassieren als auch in Verbindung zur altbewährten Wärmflasche greifen.

Teebaum zur Muskelentspannung

Wenn lediglich ein entzündlicher Prozess an unseren Schmerzen schuld ist, wirken die Teebaumöle oft schon in wenigen Stunden. Auch ein mechanischer Reiz wird durch die Muskelentspannung gebessert. Tritt nicht innerhalb eines Tages nach der regelmäßigen Einreibung mit einem der Öle eine Schmerzlinderung ein, dann muss ein Orthopäde oder Heilpraktiker zurate gezogen werden, besonders dann, wenn Taubheitsgefühle oder Lähmungen im Bein auf die Gefahr einer bleibenden Schädigung hinweisen.

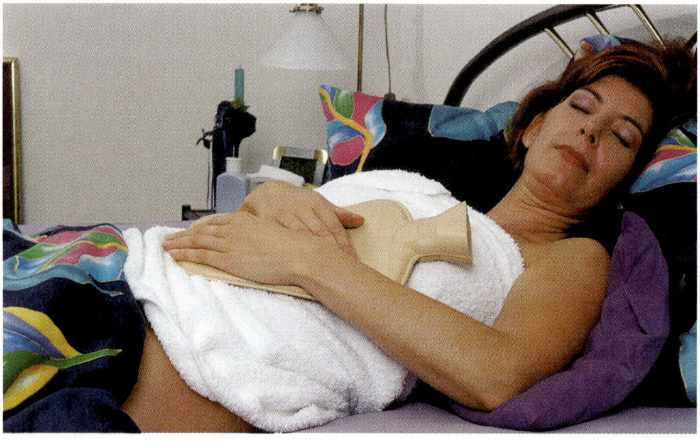

Einsatzmöglichkeit von Teebaumölen

Einreibung. Mit einer Ölmischung (siehe Kasten Seite 93) sanft den Rücken einreiben. Legen Sie die mit einem angefeuchteten Tuch umwickelte Wärmflasche zwischen die Schulterblätter oder auf den Bauch.

ÖLMISCHUNGEN BEI ISCHIASBESCHWERDEN

* Mischung 1: Jeweils 5 Tropfen Niaouliteebaum, Manukateebaum und Lavendel geben Sie in 50 ml Johanniskrautöl, Mohnblütenöl oder ein anderes Trägeröl Ihrer Wahl.
* Mischung 2: 15 Tropfen Cajeputteebaum, 7 Tropfen Ingwer und 3 Tropfen Wacholder geben Sie in 50 ml Johanniskrautöl, Mohnblütenöl oder eine Mischung beider Öle.

Husten, Keuchhusten

Husten ist ein natürlicher Reflex, der die Atemwege vor Schad- und Fremdstoffen schützt. Häufig beginnen Erkältungen mit einem trockenen und schmerzhaften Husten, noch bevor es zu einer ausreichenden Schleimbildung gekommen ist.

Bei einer Infektion versucht der Körper, über den Schleim Giftstoffe und Bakterien auszuscheiden. Gelingt es uns, die Schleimbildung anzuregen und den Schleim ausreichend zu verflüssigen, so unterstützen wir das Heilungsbestreben unseres Körpers am vernünftigsten. Hustenblocker haben nur eine Berechtigung, wenn die Nachtruhe gestört wird oder bereits eine Überreizung des Lungengewebes vorliegt.

Hält ein Husten länger als drei Wochen an, bedarf er – wegen des Verdachts auf eine chronische Atemwegserkrankung – ärztlicher Behandlung.

Einsatzmöglichkeiten von Teebaumölen

* **1. Inhalation 1 und Einreibung 1.** Die Inhalation und die Einreibung der Brust mit Australischem Teebaumöl regen die Schleimbildung und Verflüssigung an.
* **2. Einreibung 2.** Reiben Sie mehrmals täglich Brust, Rücken und Fußsohlen mit einer der vorgeschlagenen Ölmischungen (siehe Kasten) ein, ebenso über den Lymphknoten.
* **3. Langzeitmundspülung und Inhalation 2.** Die ätherischen Öle der Mischung 2 eignen sich auch für die Langzeitmundspülung (siehe Seite 35) und die Inhalation.

BRUSTÖLMISCHUNGEN

Die Mischungen werden mit je 50 ml Johanniskraut- oder Jojobaöl hergestellt.

- Mischung 1 (für Erwachsene): Je 20 Tropfen Cajeputteebaum und Niaouliteebaum sowie je 5 Tropfen Eucalyptus radiata und Majoran
- Mischung 2 (für Kinder oder empfindliche Erwachsene): 10 Tropfen Cajeputteebaum und je 3 Tropfen Lavendel und Majoran

Kinderkrankheiten

Kindergartenkinder sind besonders anfällig für (Erkältungs-)Krankheiten. Abhärtung durch kaltes Duschen und dem Wetter angepasste Bekleidung beugen vor.

Je jünger ein Kind ist, desto mehr vermeiden wir es, ätherische Öle pur anzuwenden. Selbst die niedrigste Dosierung vermischen wir mit Mandelöl.

Eine Halsentzündung äußert sich durch Fieber um 39 °C, durch eine laufende Nase, Husten mit viel Auswurf, Kratzen im Hals ohne Heiserkeit. Puls und Blutdruck sind leicht erhöht bei geringem Appetit. Masern beginnen meist wie eine schwere Erkältungskrankheit: Schnupfen, Fieber, Husten, Reizung der Augenbindehaut, Mattigkeit und Appetitlosigkeit sowie hochrot entzündete Rachenschleimhaut. Ärztliche Überwachung ist in jedem Fall erforderlich.

AUFBAU DES IMMUNSYSTEMS

Kinderkrankheiten sind für den kindlichen Organismus die »Trainingspartner«, an denen sich das Immunsystem orientiert, welche Abwehrkörper in welcher Menge bereitgestellt werden müssen. Der Immunschutz der Mutter ist nach etwa einem halben Jahr abgebaut. Das Immunsystem des Säuglings muss von jetzt an lernen, eine eigene Körperpolizei aufzubauen.

Einsatzmöglichkeiten von Teebaumölen

✳ **1. Halsentzündung.** Geeignet ist Kochdampf mit je 1 bis 3 Tropfen Cajeputteebaum und Eukalyptus. Als Begleittherapie empfehlen sich Wadenwickel. Das Kind nicht fest zudecken (Fieberstau). Lassen Sie Ihr Kind viel trinken, und kontrollieren Sie Puls und Temperatur.

✳ **2. Masern.** Notwendig ist Bettruhe im abgedunkelten Raum. Ganzwickel und Waschungen mit Cajeputteebaum und Niaouliteebaum wirken fiebersenkend, schmerzlindernd und regenerieren die Haut. Wadenwickel eignen sich zur Fiebersenkung. Für die Wickel emulgieren Sie je 10 Tropfen Cajeputteebaum und Niaouliteebaum mit 1 EL Honig und vermischen dies mit der benötigten Wassermenge. Für die bewährte Langzeitmundspülung emulgieren Sie je 1 Tropfen Cajeputteebaum und Niaouliteebaum mit 1/2 TL Zitronensaft. Die Spülung sollten Sie mindestens 5-mal täglich wiederholen.

Masern sind – so paradox es klingen mag – eine für die Entwicklung des Kindes »sinnvolle« Krankheit. Treten sie nämlich erst im Erwachsenenalter auf, ist mit schweren Komplikationen zu rechnen.

✳ **3. Aufgeschlagene Ellbogen und Knie.** Kleinere Verletzungen behandeln Sie mit Teebaumöl. Bei größeren Verletzungen auf jeden Fall die Wunde nähen lassen. Narbenpflege mit Teebaum kann dann wieder in Eigenregie durchgeführt werden.

✳ **4. Milchschorf.** Milchschorf weichen Sie mit 1 bis 2 Tropfen Teebaum in 1 EL Mandelöl auf und waschen den Kopf vorsichtig mit einem neutralen Shampoo.

Kopfschmerzen

Anhaltende Kopfschmerzen können auf eine ernsthafte Erkrankung hinweisen; deshalb ist immer ärztlicher Rat einzuholen. Oft haben sie keine eigentliche Ursache, sondern sind vielmehr ein generelles Warnsignal unseres Körpers.

Führen nervliche und seelische Belastungen zu Gefäßverkrampfungen, so entsteht als Folge des Sauerstoffmangels ein nicht charakterisierbarer Schmerz. Er verschwindet meist, wenn man an die frische Luft kommt oder bewusst tief atmet. Peinigen dumpfe Schmerzen den ganzen Kopf, ist dafür häufig ein Genussmittelmissbrauch oder eine Infektion verantwortlich. Schmerzen im Hinterkopf und in der Stirngegend deuten auf Verspannungen im Bereich des Nackens und der Wirbelsäule hin. Ebenso können zu hoher oder zu niedriger Blutdruck, Allergien, Überlastung der Augen, Sonnenstich und Wetterfühligkeit als Ursachen infrage kommen.

Einsatzmöglichkeiten von Teebaumölen

✳ **1. Duftlampe.** Verwenden Sie eine Mischung aus je 5 Tropfen Kanukateebaum und Lavendel.

✳ **2. Inhalation.** Inhalieren Sie durch ein Taschentuch mit 2 Tropfen Cajeputteebaum.

✳ **3. Einreibung.** Mischen Sie je 10 Tropfen Kanukateebaum und Lavendel in 25 ml Johanniskrautöl oder einem anderen Öl. Reiben Sie damit Nacken-, Stirn-, Schläfen- und Großzehenbereich ein.

Lippen, spröde

Teebaumöle haben den großen Vorteil, dass sie jede Haut – auch die Lippenhaut – günstig beeinflussen. Durch Zugabe von anderen ätherischen Ölen, Pflanzensäften, Tees oder Kaltauszügen kann die gewünschte Wirkung beschleunigt werden.

Für geschwollene, spröde und aufgerissene Lippen eignet sich die folgende Lippenpomade. Sie hat eine gute Haftung, lindert den Schmerz und nimmt die Spannung, die durch die Schwellung entsteht.

Einsatzmöglichkeit von Teebaumölen

Weiche Lippenpomade. Sie benötigen 5 ml Jojobaöl, 6 g Bienenwachs, je 5 Tropfen Manukateebaum, Kiefernnadel und Nelke sowie 2 Tropfen Palmarosa.

Das Bienenwachs vorsichtig erhitzen. Jojobaöl mit den ätherischen Ölen vermischen und dem flüssigen Bienenwachs, das von der Wärmequelle entfernt wurde, zugeben. So lange rühren, bis die Masse gleichmäßig fest wird.

Teebaumöl begünstigt als Zusatz in einer Pomade (siehe Seite 96) den Heilungsprozess der geschädigten Lippenhaut. Bei Herpes-simplex-Befall der Lippen (siehe Seite 91) empfiehlt sich das Betupfen mit unverdünntem Teebaumöl.

Mandelentzündung (Angina)

Am Beispiel der Angina können wir den Ablauf einer Infektion besonders deutlich erleben und daraus das gezielte Vorgehen mit der Teebaumtherapie ableiten. Als Teil des Lymph- und Körperabwehrsystems stellen die Mandeln eine biologische Polizeistation dar, von der aus Rachen- und Mundraum auf Bakterien, Viren und Pilze überwacht werden.

Eine Entzündung der Rachenmandeln (Tonsillitis) weist auf eine erhöhte Abwehraktivität hin und ist deshalb nicht generell negativ zu bewerten. Entzündungen gehen immer mit einer Temperaturerhöhung einher. Während die meisten Krankheitserreger bereits bei leicht erhöhter Körpertemperatur in ihrer Leistungsfähigkeit (Virulenz) nachlassen, kommen die Abwehrkörper unseres Immunsystems durch höhere Temperaturen erst so richtig in Schwung.

Denken Sie immer daran: Gesundungs- und Lebenswillen haben eine positive Schubkraft für unser Abwehrsystem, wie uns nicht zuletzt unter ärmsten Bedingungen dahinvegetierende Menschen der Dritten Welt vor Augen führen.

Wenn die Abwehrkörper unterliegen

Wenn die Abwehrkörper im Kampf unterliegen, so setzt sich die Entzündung auch in den Bereich der Gaumenmandeln fort. Diese beginnen nun stark anzuschwellen und zu schmerzen. Erst jetzt sprechen wir von einer Angina. Neben den Schluckbeschwerden kommt es zu Fieber, Schüttelfrost und Kopfschmerzen; die Zunge ist belegt. Gelblich weiße Flecken und Eiter auf den Mandeln weisen darauf hin, dass es Bakterien und Viren gelungen ist, Breschen in den Schutzwall unseres Abwehrsystems zu schlagen.

Nun strömen die Krankheitserreger ins Blut. Gelingt es den in der Blutbahn schwimmenden Abwehrkörpern nicht, der Eindringlinge Herr zu werden, dann setzen sich die Krankheitserreger z.B. im Herzmuskel, in der Herzinnenhaut, den Nieren und auch in Gelenken fest. Man spricht jetzt von abgekapselten Bereichen, aus denen immer wieder Krankheitserreger ausbrechen, um sich in weiteren Organen festzusetzen.

Einsatzmöglichkeiten von Teebaumölen

✳ **1. Langzeitmundspülung 1.** Bei den ersten Anzeichen von Halsbeschwerden beginnen Sie sofort mit der Langzeitmundspülung mit Australischem Teebaum (wie bereits beschrieben, mit Speiseöl oder Milch; siehe Seite 35). Geben Sie einen Tropfen nach dem anderen zu, bis Öl oder Milch beginnt, unangenehm zu schmecken, maximal jedoch 10 Tropfen. Gleichzeitig reiben Sie den Lymphbereich, hinter den Ohren beginnend, bis zu den Schlüsselbeinen mit purem Teebaumöl ein. Weil die desinfizierende Wirkung der Teebaumöle schnell nachlässt, wiederholen Sie dies bitte 5-mal am Tag.

✳ **2. Fuß- oder Vollbad 1.** Ein ansteigendes Fuß- oder Vollbad mit 10 Tropfen Teebaumöl wirkt zusätzlich stimulierend auf das Immunsystem. In den weitaus meisten Fällen ist damit die Krankheit überwunden.

✳ **3. Langzeitmundspülung 2.** Ist am folgenden Tag noch keine Besserung spürbar, muss davon ausgegangen werden, dass die Desinfektion durch das Australische Teebaumöl nicht gezielt genug war. Verwenden Sie in diesem Fall Cajeputteebaum und Niaouliteebaum im Verhältnis 1:1.

In wenigen Ausnahmefällen reicht auch die Wirkung dieser beiden Öle noch nicht aus. Die nun verbliebenen Viren, Bakterien oder auch Pilze erliegen meist einer Mischung aus Niaouliteebaum, Zimt und Thymian (Thymus vulgaris, Typ Thujanol), wieder im Verhältnis 1:1:1. Sie können auch noch 1 Tropfen (nicht mehr!) Nelkenöl zufügen.

✳ **4. Fuß- oder Vollbad 2.** Die unter Langzeitmundspülung 2 angegebenen Mischungsänderungen gelten sinngemäß für das Fuß- oder Vollbad. Lediglich von der Zugabe von Nelkenöl zum Badewasser ist abzusehen.

✳ **5. Nachbehandlung.** Um die Erkrankung dauerhaft auszuheilen, müssen wir die Abkapselung der Erreger im Sinne der Herdbildung innerhalb unseres Körpers verhindern. Deshalb ist die Nachbehandlung unbedingt erforderlich. Sie wird innerhalb der an die Beschwerdefreiheit anschließenden 14 Tage durchgeführt und mit jener Ölmischung vorgenommen, die als Letzte mit Erfolg eingesetzt wurde – allerdings ohne den Tropfen Nelkenöl.

Der gleichzeitige Einsatz aller genannten Öle unter dem Motto »Viel hilft viel« ist nicht zu empfehlen. Es kann zu Überreaktionen (Hautreizungen, Übelkeit) kommen.

Dazu vermengen Sie 10 Tropfen dieser Mischung – oder auch nur des Australischen Teebaumöls, falls es allein genügte – mit 1 EL Honig. Den Honig eventuell vorsichtig erwärmen, damit er flüssig genug ist. Diese Öl-Honig-Mischung geben Sie anschließend in eine Flasche Apfelessig (Johannisbeeressig wäre noch besser, falls Sie ihn bekommen; siehe auch unser Buch »Die Essig-Hausapotheke«). Der Essig muss ebenfalls temperiert sein, damit sich der Honig darin auflösen kann. Von dieser Mischung nehmen Sie 3-mal täglich vor dem Essen 2 TL in 1 Glas warmem Wasser ein.

VON DER BREITEN- ZUR SPEZIELLEN WIRKUNG

Hinter unserer Vorgehensweise steht ein bewährtes Schema. Begonnen wird mit jenen Ölen, die sich gegen die am häufigsten anzutreffenden Erreger bewährt haben. In den folgenden Schritten werden seltener anzutreffende Krankheitserreger eliminiert oder zumindest so weit geschwächt, dass unser Immunsystem mit ihnen leichtes Spiel hat.

Wenn Sie das Therapieschema umdrehen, also mit Zimt und Thymian beginnen, ist der Heilungsfortschritt meist deutlich langsamer. Die Breitenwirkung dieser beiden Öle ist nicht so groß wie die des Australischen Teebaumöls. Hinsichtlich ihrer spezifischen Wirkung auf einzelne Erregertypen zeigen sie jedoch eine deutliche Überlegenheit gegenüber den Teebaumölen.

Nervosität, Anspannung, Stress

Spannungszustände wie Stress sind häufig Auslöser ernstlicher Erkrankungen. Sie sind das Ergebnis »einer Kraft, die sich an einem Ding (oder Menschen) auswirkt und die Tendenz hat, es (ihn) zu verzerren«.

Innere Unruhe, sich ständig zu etwas gedrängt fühlen, Überempfindlichkeit und Überreiztheit fassen wir unter dem Begriff »Nervosität« zusammen. Dauerstress und unverarbeitete psychosoziale Konflikte fördern nervöse Störungen. Magenkrämpfe, Verstopfung oder Durchfall, Herzklopfen, Bluthochdruck und Schwindel treten als Begleiterscheinungen auf. Teebaumöle können hier durchaus eine Hilfestellung bieten, sollten aber nicht zur Dauermedikation (siehe Seite 31) eingesetzt werden.

Einsatzmöglichkeiten von Teebaumölen

✳ **1. Einreibung.** Wenn Sie mit einer der angegebenen Entspannungsmischungen (siehe Kasten Seite 101) den Bauchbereich und die Lymphknoten sanft einreiben, werden Sie die Wirkung nach ca. 30 Minuten deutlich spüren.

ENTSPANNUNGSMISCHUNGEN

Die drei Mischungen werden mit jeweils 50 ml Jojobaöl als Trägeröl hergestellt.

✳ Mischung 1 (für Gelassenheit): 25 Tropfen Manukateebaum oder Myrrhe und 10 Tropfen Lavendel

✳ Mischung 2 (Nervenkraft für den Tag): Je 10 Tropfen Australischer Teebaum, Myrrhe und Kiefer

✳ Mischung 3 (für ruhigen Schlaf): Je 10 Tropfen Australischer Teebaum, Grüne Myrte und Ravensara

✳ **2. Badezusatz.** Natürlich eignen sich die 30 Tropfen in 1 EL Sahne oder Honig vermischt auch als Badezusatz.

✳ **3. Langzeitmundspülung.** 3 Tropfen einer der angegebenen Entspannungsmischungen kann man in 1 Gelatinekapsel geben oder als Langzeitmundspülung (siehe Seite 35) anwenden.

✳ **4. Zäpfchen.** Selbst als Zäpfchen haben sich die Mischungen bewährt. Vermeiden Sie jedoch eine Daueranwendung, sonst gewöhnt sich das Immunsystem an den Reiz.

✳ **5. Duftlampe.** Wenn Sie 5 Tropfen einer der genannten Entspannungsmischungen zusammen mit 5 Tropfen Zitrusöl (Zitrone, Orange oder Grapefruit) in die Duftlampe geben, können Sie die angestrebten Wirkungen »einatmen«.

Bewährte »Nervenöle« sind u. a. auch Rose, Kamille, Muskatnuss, Lavendel, Basilikum, Koriander und Rosmarin. Sie eignen sich als Zusatz zum Badewasser, Massageöl oder Luftbefeuchter.

Ohrenschmerzen

Grundsätzlich ist bei Ohrenschmerzen eine Überwachung der Behandlung durch den Arzt erforderlich. Oft gehen die Ohrenschmerzen mit Erkältung, Schnupfen und Halsentzündung einher. Den dafür verantwortlichen Viren und Bakterien können wir mit den Teebaumölen erfolgreich zu Leibe rücken. Sollte die Anwendung des Australischen Teebaumöls nicht genügen, erweitern die Ölmischungen das Wirkungsspektrum.

Ist die Pilzinfektion im Gehörgang beseitigt, sollten Sie sicherheitshalber noch mit der Ohrentropfenmischung 1 eine Woche lang morgens und abends weiterbehandeln.

Einsatzmöglichkeiten von Teebaumölen

✳ **1. Ohrentropfenmischung 1.** Je 5 Tropfen Cajeputteebaum, Niaouliteebaum und Lavendel in 1 EL angewärmtes Olivenöl tropfen. Etwas Watte oder die kleinste Schlauchbinde mit dem Öl tränken und vorsichtig in das Ohr einführen. 5-mal täglich erneuern, bis die Beschwerden abgeklungen sind.

✳ **2. Ohrentropfenmischung 2.** Bei Pilzinfektion in den Gehörgängen je 1 Tropfen Australischen Teebaum, Palmarosa, Geranium oder Manukateebaum, Thymian (Thymus vulgaris, Typ Thujanol) und Lavendel mit einem Wattestäbchen in einem Teelöffel vermischen. Damit sanft den Gehörgang austupfen.

Pilzinfektionen von Haut und Nägeln

Die pilzfeindliche Wirkung des Australischen Teebaumöls bedarf meist der Unterstützung weiterer ätherischer Öle. Hautschonender werden die Ölmischungen (siehe Kasten), wenn sie mit einem Speise- oder Hautöl verdünnt werden.

Einsatzmöglichkeit von Teebaumölen

Behandlung von Infektionen. Es sind mindestens 3 Anwendungen täglich erforderlich. Nach 3 Wochen muss ein Erfolg eingetreten sein, sonst sollte man zur nächsten Ölmischung übergehen. Halten Sie möglichst die Reihenfolge ein.

ANTIMYKOTISCHE MISCHUNGEN

✳ Mischung 1: 10 Teile Australischer Teebaum, 5 Teile Thymian (Typ Thymol) sowie je 2 Teile Oregano und Zimt

✳ Mischung 2: 10 Teile Manukateebaum sowie je 5 Teile Thymian und Geranium (Typ Geraniol)

✳ Mischung 3: 10 Teile Australischer Teebaum und je 3 Teile Palmarosa, Eucalyptus globulus und Thymian (Typ Thujanol)

Probleme mit Haar und Kopfhaut

Auch bei Haar und Kopfhaut finden Teebaumöle Anwendung. Ob Sie ein pflegendes Shampoo verwenden oder Probleme bekämpfen wollen – die folgenden Rezepte werden Ihnen eine Hilfe sein.

Eine ungesunde (Kopf-)Haut bietet den Haaren für Wuchs und Stabilität nicht den erforderlichen Nährboden. Teebaumöle können in diesem Bereich regulierend eingesetzt werden.

Einsatzmöglichkeiten von Teebaumölen

✳ **1. Pflegendes Shampoo.** In ein pH-neutrales Shampoo geben Sie 15 Tropfen Teebaum und 5 Tropfen Palmarosa. Die Haare mit reichlich Wasser und dem »veredelten« Shampoo waschen, einige Minuten einwirken lassen und gründlich ausspülen.

✳ **2. Spülung 1 (fettiges Haar).** Bereiten Sie 1000 ml Kräutertee aus je 1 EL klein gehackten Kräutern wie Salbei, Rosmarin und Zinnkraut. Dazu geben Sie 10 Tropfen Manukateebaum und 8 Tropfen Niaouliteebaum mit 1 EL Honig vermengt. Für den Kräutertee das zerkleinerte Pflanzenmaterial über Nacht kalt ansetzen, abseihen und feste Bestandteile aufkochen. Abkühlen lassen und mit dem Kaltauszug vermischen. Mit etwas Honig emulgiert, erhält die Spülung eine festigende Wirkung.

✳ **3. Spülung 2 (dünnes, sprödes, stumpfes, brüchiges Haar).** Derartige Probleme können mit einer Mischung aus 1/2 l Klettensud, 1/4 l Obstessig, 10 Tropfen Niaouliteebaum und 1 EL Honig erfolgreich behandelt werden. Die Klettenwurzeln zerkleinern und mindestens 30 Minuten richtig kochen lassen.

Die Spülung sollte wenigstens 20 Minuten im Haar bleiben. Der Honig wirkt wie ein Haarfestiger. Wem es nicht unangenehm ist, der kann die Spülung auch im Haar belassen.

✳ **4. Haarausfall.** Gegen den Haarausfall setzt man dem pflegenden Shampoo zusätzlich 10 Tropfen Lavendel angustifolia zu und ergänzt die Spülung 1 mit je 10 ml Birkenblättersaft und Brennnesselsaft. Beides sollten Sie mindestens 20 Minuten einwirken lassen.

Parasiten auf dem Kopf oder am Körper sind keine Bagatelle. Sie sind nicht nur lästig, sondern auch als Überträger verschiedener Krankheiten gefährlich.

✳ **5. Kopfjucken (durch Grind, Schuppenflechte, Kopfrose).** In 25 ml Jojobaöl geben Sie je 25 Tropfen Niaouliteebaum und Manukateebaum sowie 10 Tropfen Lavendel. Lassen Sie die Mischung mindestens 20 Minuten oder als Ölpackung über Nacht einwirken.

Bei Kopfrose (siehe auch unter »Gürtelrose«, Seite 81f.) wird Lavendel durch je 5 Tropfen Calophyllum und Ravensara ersetzt.

✳ **6. Kopfläuse, Zecken, Milben, Flöhe.** Teebaumöl ist bei Insekten und Parasiten nicht beliebt. Reiben Sie sich mit Teebaumöl zumindest an den unbekleideten Körperregionen ein. Dadurch werden Sie für die Quälgeister uninteressant. Bei einem Befall gehen Sie am besten mit Manukateebaum und Lavendel pur gegen sie vor.

Verdoppeln Sie die Teebaumölanteile in unserem pflegenden Shampoo, und ersticken Sie die Läuse, Flöhe, Milben und Haarlinge im dichten Schaum.

Den Milbenbefall der unbehaarten Haut behandeln Sie mit einer Mischung aus je 25 Tropfen Lavendel und Manukateebaum in 25 ml Jojobaöl.

Reisekrankheit, Übelkeit

Bei Übelkeit und Reisekrankheit können Sie mit einfachen Mitteln Abhilfe schaffen.

Einsatzmöglichkeiten von Teebaumölen

✳ **1. Einnahme.** Geben Sie je 1 Tropfen Australisches Teebaumöl und Pfefferminzöl auf 1 Stückchen Zucker. Gerade für Kinder ab drei Jahren ist das die rettende Hilfe.

✳ **2. Aromatisierung.** Günstig ist es, wenn man gleichzeitig diese Mischung auf ein Tuch tropft und vor einer der Lufteinlassdüsen des Fahrzeugs befestigt, damit die Raumluft aromatisiert wird.

Rheumatische Beschwerden, Rückenschmerzen, Gicht

Im Hinblick auf die Teebaumöltherapie brauchen wir bei diesen Erkrankungen – Arthrose und Arthritis eingeschlossen – nicht zu unterscheiden, und zwar aus zwei Gründen.

Zum einen scheinen die Teebaumöle in den meisten Fällen das Immunsystem zu besänftigen. Zum anderen gehen die meisten Schmerzen bei diesen Erkrankungen nicht so sehr von den Gelenken selbst, sondern mehr von der die Gelenke umgebenden Muskulatur aus. In diesem Bereich kommt die schmerzlindernde und entkrampfende Wirkung der Teebaumöle voll zum Tragen.

Wenn Sie sich mit Hilfe eines Allergietests absichern, dürfte einer äußeren Anwendung der Schmerzöle nichts im Wege stehen.

Einsatzmöglichkeiten von Teebaumölen

✳ **1. Einreibung 1.** Sie reiben die schmerzenden Bereiche mit einer bewährten (handelsüblichen) Schmerzsalbe ein und mischen pro 3 cm Salbenstrang oder TL Salbe 20 Tropfen Australisches Teebaumöl zu.

Teebaumöl kann handelsüblichen Pflanzen wie (Schmerz-)Salben, Zahncremes oder Shampoos zugemischt werden. Um Unverträglichkeitsreaktionen auszuschließen, sollten Sie jedoch die Tropfen erst unmittelbar vor Gebrauch zugeben.

SCHMERZÖLE AUF TEEBAUMÖLBASIS

* Mischung 1: In 100 ml eines Haut- oder Speiseöls geben Sie je 10 ml Cajeputteebaum und Kanukateebaum oder Kiefernnadel sowie je 5 ml Rosmarin (Rosmarinus officinalis) und Strohblume.
* Mischung 2: In 100 ml eines Haut- oder Speiseöls geben Sie 10 Tropfen Cajeputteebaum, 5 Tropfen Muskatellersalbei, 5 Tropfen Wacholder und 2 Tropfen Ingwer. Für sich genommen – ohne Trägeröl – sind die ätherischen Öle, zuvor in etwas Sahne oder Honig emulgiert, ein bewährter Badezusatz.
* Mischung 3: In 30 ml Johanniskrautöl und 20 ml Mohnblütenöl geben Sie 30 Tropfen Australischen Teebaum und je 20 Tropfen Cajeputteebaum, Kanukateebaum oder Kiefer, Rosmarin und Lavendel.

* **2. Einreibung 2.** Wenn Sie durch die Anwendung von Heilerde, Fango, Lehm oder Quarkpackungen eine Erleichterung verspüren, dann können Sie sich durch das Einmengen von 50 Tropfen Australischem Teebaum oder noch besser der Ölmischung 3 – allerdings ohne die Trägeröle Johanniskraut- und Mohnblütenöl – zusätzlich Erleichterung verschaffen.

Schnupfen, Fließschnupfen, Heuschnupfen

Heuschnupfen entwickelt sich immer mehr zur Volkskrankheit. Auslöser sind in der Regel Blütenpollen, aber auch Tierhaare oder Staubmilben.

Heuschnupfen ist wohl die verbreitetste Form des allergischen Schnupfens. Er wird durch eine Überempfindlichkeit gegenüber den Pollen bestimmter Blüten und Sträucher ausgelöst. Wässriges Nasensekret, häufiges Niesen, juckende, brennende Augen und Tränenfluss als Zeichen einer begleitenden Bindehautentzündung, Atembeschwerden und Kopfschmerzen machen dieses Krankheitsbild zu einer Qual.

Treten die Beschwerden außerhalb der Blütezeit auf, dann sind die Auslöser der Allergie eventuell Tierhaare oder Staubmilben etc. Wenn die Menschen in Ihrer engsten Umgebung nicht in gleicher Weise reagieren, dann liegt eine Überempfindlichkeit Ihres Immunsystems zugrunde.

Einsatzmöglichkeiten von Teebaumölen

✳ **1. Langzeitmundspülung.** In das für die Langzeitmundspülung (siehe Seite 35) ausgewählte Basisöl (100 ml) – Milch sollten Sie sicherheitshalber nicht verwenden – geben Sie je 1 Tropfen Manukateebaum, Niaouliteebaum (ersatzweise für ein oder beide Öle Australischen Teebaum), Grüne Myrte, Kriechenden Ysop und Deutsche Kamille. Sollte Ihnen die Mischung zu intensiv sein, verwenden Sie besser 200 ml Basisöl. Erst wenn sich wenigstens 1 Tag lang keine negativen Begleiterscheinungen eingestellt haben, können Sie je 2 Tropfen verwenden. Meist ist dies aber gar nicht erforderlich.

✳ **2. Duftlampe und Heißdampfinhalation.** Hier eignen sich je 1 bis 2 Tropfen Manukateebaum, Niaouliteebaum (ersatzweise für ein oder beide Öle Australischer Teebaum), Zypresse und Zeder.

✳ **3. Ultraschallinhalation.** Die für die Langzeitmundspülung und die Heißdampfinhalation geeigneten Mischungen empfehlen sich auch für die Ultraschallinhalation durch die Nase. Zur Herstellung des Ultraschallinhalats vermischen Sie je 1 Tropfen der vorgeschlagenen Öle mit 1 TL Honig. Lösen Sie diesen Honig in 25 ml Obstessig auf. In ein 5 ml fassendes Inhalatfläschchen geben Sie 0,5 ml dieser Mischung und füllen mit destilliertem oder abgekochtem Wasser auf.

Sie merken bereits bei den ersten Atemzügen, ob dieses Inhalat eventuell zu stark ist. Verdünnen Sie dann die Essiglösung durch die Zugabe von 25 ml destilliertem oder abgekochtem Wasser.

Die nebenstehende Mischung zur Langzeitmundspülung hat sich in der Praxis bewährt. Leider kommt es bei Allergiebehandlungen in Ausnahmefällen vor, dass ein Abwehrsystem völlig »durchdreht«. Sie sollten deshalb mit einem Arzt Ihres Vertrauens die geplante Anwendung besprechen.

Schwangerschaftsbeschwerden

Die Schwangerschaft ist eine Zeit der gedanklichen und Gefühle kontrollierenden, straffen Selbstdisziplin. Diese ist notwendig, damit das werdende Leben, das jede Gefühlsreaktion der Mutter mitbekommt und sich dagegen nicht wehren kann, vor seelischen Schäden bewahrt bleibt.

Um sich die Zeit der seelischen Instabilität zu erleichtern, setzen wir Teebaumöle ein. Da sie einen herben Duft haben, lassen sie sich gut mit Lavendel, Zitrusölen und anderen Lieblingsdüften mischen.

Durch Wasserdampfdestillation der Blätter und jungen Zweige erhält man das würzig-aromatisch duftende Teebaumöl. Eine Tonne Pflanzenmaterial ergibt ca. zehn Liter Öl.

Einsatzmöglichkeiten von Teebaumölen

✳ **1. Duftlampe.** Erkundigen Sie sich bei dem Frauenarzt und der Hebamme, ob Sie eine Duftlampe ins Entbindungszimmer mitbringen und benutzen dürfen. Dies macht die ungewohnte Situation etwas angenehmer, wenn Sie schon zu Hause mit ätherischen Ölen Ihre Umgebung gestaltet haben. Die Wahl des jeweiligen Teebaumöls richtet sich danach, welche Duftnote Sie als besonders angenehm empfinden, oder nach der Art der Befindlichkeitsstörung (siehe Kasten Seite 109).

✳ **2. Massagecreme und Körperlotion.** Die Ölmischung (siehe Kasten Seite 109) mischen Sie in eine Creme oder Lotion, mit der Sie gute Erfahrungen gemacht haben. Die Massagecreme oder Körperlotion verwenden Sie bei Bedarf.

ÖLE FÜR UNTERSCHIEDLICHE BEFINDLICHKEITEN

* Duftöl 1: Wer unter Nervosität und Überempfindlichkeit leidet, sollte Manukateebaum bevorzugen. Nehmen Sie 5 bis 10 Tropfen Manukateebaum (Raumgröße beachten) sowie je 5 Tropfen Zimtrinde und eines Zitrusöls.
* Duftöl 2: Wer über Müdigkeit, Antriebsschwäche, Angst und depressive Verstimmung mit Konzentrationsschwierigkeiten klagt, hat die Wahl zwischen Australischem Teebaum, Cajeputteebaum und Niaouliteebaum. Nehmen Sie 5 bis 10 Tropfen Australischen Teebaum (Raumgröße beachten) sowie je 5 Tropfen Zimt und eines Zitrusöls.
* Massagecreme oder Körperlotion: Wenn die psychische Verstimmung einen hormonellen Hintergrund hat, geben Sie in 100 ml Massagecreme oder Körperlotion 10 Tropfen Niaouliteebaum, je 5 Tropfen Muskatellersalbei und Geranium, 2 Tropfen Ylang-Ylang sowie 3 Tropfen Majoran.

Alle Teebaumöle haben Auswirkungen auf die psychische Verfassung. Sie stimulieren, kräftigen, beruhigen, stabilisieren, verhelfen zu einem klaren Kopf und neuem Lebensmut.

Verbrennungen, Sonnenbrand

Verbrennungen sollten Sie möglichst sofort unter fließendem Wasser kühlen. Selbst größere Brandwunden – sofern nicht zweiten oder dritten Grades – lassen sich erfolgreich mit Teebaumöl allein oder mit unserer Mischung behandeln.

Einsatzmöglichkeit von Teebaumölen

Behandlung von Verbrennungen. Tropfen Sie auf die verbrannte Fläche 10 Teile Australischen Teebaum und je 5 Teile Deutsche Kamille und Lavendel. Danach empfiehlt sich die Kühlung mit Eiswürfeln oder einer mit kaltem Wasser gefüllten Plastiktüte. Alle 6 Stunden wiederholen.

Wunden, Schürfwunden, Prellungen, Zerrungen

Sie sollten nur kleinere Wunden selbst behandeln. Bei größeren Verletzungen muss ein Arzt konsultiert werden.

Selbstverständlich sollten Sie nur kleinere Wunden selbst behandeln. Örtlich vermag Teebaumöl wohl die Krankheitserreger in Schach zu halten. Wundstarrkrampferreger könnten jedoch bereits in die Blutbahn eingedrungen sein. Ihnen gegenüber ist die Wirkung der ätherischen Öle nicht sicher genug! Sobald die Gefahr besteht, dass Krankheitserreger bei einer Verletzung in die Blutbahn gelangt sind, ist ärztliche Behandlung unumgänglich.

Einsatzmöglichkeiten von Teebaumölen

✳ **1. Behandlung von Wunden.** Soweit möglich und erforderlich, reinigen Sie die Wunde durch Ausspülen mit sauberem Wasser. Verwenden Sie unverdünntes Australisches Teebaumöl oder die Wundtropfen (siehe Kasten Seite 111). Das Öl wird direkt auf die Wunde getropft, sodass es sich von selbst großflächig verteilt. Durch entsprechende Bewegung des

Da Teebaumöl auch in höheren Dosierungen nicht toxisch ist, kann es unverdünnt zur Desinfektion auf offene Wunden geträufelt werden (anschließend verbinden) – gerade bei Kindern eine unkomplizierte erste Hilfe.

WUNDTROPFEN

- Mischung 1: 10 Teile Niaouliteebaum und je 5 Teile Geranium, Lavendel und Thymian (Thymus vulgaris, Typ Thujanol)
- Mischung 2 (bei tiefen Wunden): 25 ml Basisöl in Mischung 1 geben; dadurch wird das ständige, hoch dosierte Eindringen der ätherischen Öle in die Blutbahn verhindert
- Mischung 3 (bei schlecht heilenden Wunden): 10 ml Australischer Teebaum oder Manukateebaum, 3 ml Lavendel sowie je 1 ml Strohblume und Salbei auf je 15 ml Hagebuttenkernöl, Haselnusskernöl oder Jojobaöl
- Mischung 4 (bei Bluterguss und Verstauchung): Je 10 Teile Australischer Teebaum, Strohblume und Fichtennadel
- Mischung 5 (bei Blutergüssen): Je 5 Teile Australischer Teebaum und Strohblume

Füllen Sie sich bei Bedarf eine größere Tropfenzahl in ein Fläschchen ab, oder bitten Sie Ihren Apotheker darum.

Körpers lässt sich die Fließrichtung steuern. Anschließend erfolgt die Abdeckung der Wunde mit Wundauflage und Verband (Pflasterklebstoffe lösen sich durch Teebaumöl auf). Bei kleineren Verletzungen kann man 1 Tropfen Australisches Teebaumöl direkt auf das Pflaster tropfen. Wiederholen Sie die Prozedur alle 3 Stunden, solange sich Rötungen um den Wundrand zeigen. Bis zur Abheilung sollte die Wunde mindestens alle 6 Stunden frisch mit Öl betropft werden.

- **2. Behandlung von Blutergüssen, Prellungen, Verstauchungen.** Möglichst sofort das Australische Teebaumöl auftragen und mit einer Eispackung oder Eisspray kühlen. Gut geeignet sind die Bluterguss- und Verstauchungstropfen (siehe Kasten). Die Tropfenmischung 5 ist sowohl bei frischen als auch bei alten Blutergüssen wirksam. Sie sollte 3- bis 5-mal täglich aufgetragen werden.

Anhang 1: Erläuterung wichtiger Fachbegriffe

Allergie

Eine allergische Reaktion ist der Ausdruck eines unterbeschäftigten Abwehrsystems (Immunsystem). Während das Abwehrsystem unserer Vorfahren sich täglich mit Tausenden lebensfeindlicher Stoffe auseinander setzen musste, bietet unsere sterile Welt ihm nur noch wenige Aufgaben. Andererseits wird es mit vielen unnatürlichen Stoffen konfrontiert, die es überempfindlich machen.

Ätherische Öle, und darunter im Besonderen das Teebaumöl, konfrontieren unser Abwehrsystem mit einer Reihe natürlicher Fremdstoffe, die es als »Trainingspartner« nutzt.

Genau besehen sind alle ätherischen Öle, auch die Teebaumöle, Gifte – produziert von Pflanzen, um Schädlinge abzuwehren. Es ist der Höherentwicklung unseres Immunsystems zu verdanken, dass sie ihm heute nichts mehr anhaben können, sondern von ihm als »Trainingspartner« genutzt werden.

Haut-Eingeweide-Reflex

Um den Haut-Eingeweide-Reflex zu verstehen, müssen wir wissen, welche Rolle unsere Haut, die Wirbelsäule und das Rückenmark dabei spielen.

1. Die Wirbelsäule besteht aus 35 Wirbelkörpern, die mit Ausnahme von Kreuz- und Steißbein beweglich sind. Die hintere Wand der massiven Wirbelkörper bildet zusammen mit den Dorn- und den beidseitigen Querfortsätzen den Wirbelkanal. In ihm liegt – gut geschützt – das Rückenmark. Über die Wirbellöcher, die von den Wirbelgelenken, dem hinteren Bandscheibenrand und der dazugehörenden Wirbelkörperfläche gebildet werden, treten große Nervenstränge beidseitig aus, die sich weiter aufteilen und in einem Segment sämtliche Organe beeinflussen.

2. Jeder Nervenstrang enthält motorische und sensible Fasern. Sie nehmen Reize aus der Umwelt auf, wobei es für jede Art des Reizes spezifische Rezeptoren (empfindliche Nervenendpunkte) gibt. Die motorischen Fasern bekommen die Meldung über das Rückenmark oder das Gehirn in Bruchteilen von Sekunden mitgeteilt; sie reagieren in der Regel sofort – es sei denn, wir blockieren willentlich die motorische Reaktion, um Schlimmeres zu verhüten.

3. Dazu ein praktisches Beispiel. Einen Mückenstich spüren und die Mücke erschlagen ist ein fast zeitgleicher Vorgang. Hier läuft das Reiz-Reaktions-Muster über den Reflexbogen zwischen Haut, Rückenmark und zurück über die dafür beanspruchten Muskeln zur Haut.

4. Der gleiche Vorgang spielt sich ab, wenn uns ein schwerer oder gefährlicher Gegenstand aus der Hand fällt. Sofort schätzt die Tiefensensibilität ab, wie weit der Fuß blitzschnell aus der Gefahrenzone gezogen werden muss, um nicht verletzt zu werden, denn viel Zeit steht nicht zur Verfügung. Ist der fallende Gegenstand zerbrechlich und wertvoll, schalten wir unseren Schutzmechanismus instinktiv aus und nehmen lieber eine körperliche Verletzung in Kauf, als dass wir den Verlust akzeptieren.

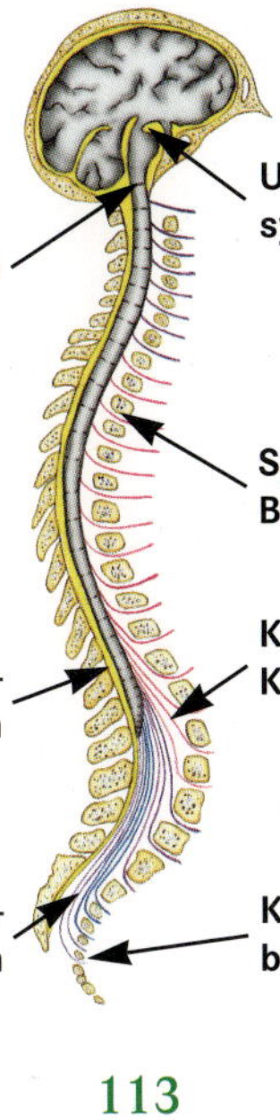

In der embryonalen Entwicklung jedes Menschen wird zuerst das Rückenmark mit seinen Nerven angelegt. Bei bewussten Reaktionen berichtet das Rückenmark zuerst dem Gehirn. Von dort kommen dann entsprechende »Anweisungen« zum Rückenmark zurück. Bei den »Reflexen« wird die Erregung im Rückenmark von der sensiblen Bahn direkt an die motorische weitergegeben.

Die Tiefensensibilität erfüllt im Rahmen des Haut-Eingeweide-Reflexes den Zweck, bestimmte Bewegungsabläufe – wie beispielsweise die der Finger beim Klavierspielen – »blind« zu steuern.

5. Die Tiefensensibilität steuert unsere Körperorientierung im dreidimensionalen Raum. Durch sie wissen wir immer, in welcher Stellung oder Lage sich unser Körper befindet. Selbst wenn wir schlafen, funktioniert sie noch und bewahrt uns vor einem Fall aus dem Bett. Die Tiefensensibilität hängt eng mit dem Gleichgewichtssinn und den Gleichgewichtsreaktionen zusammen. Dass wir bei geschlossenen Augen mit dem Zeigefinger zielsicher sofort unsere Nasenspitze finden, verdanken wir der Tiefensensibilität ebenso wie die Fähigkeit, Schreibmaschine zu schreiben oder Klavier zu spielen, ohne auf die Tasten sehen zu müssen. Blinde, die auf jede optische Kontrolle verzichten müssen, schulen zwangsläufig Gehör, Tastsinn und Tiefensensibilität so intensiv, dass sie das Sehen zum Teil ersetzen können. Deshalb ist der Beruf des Masseurs bei-

spielsweise für Blinde optimal: Dank ihres trainierten Tastsinns können sie leicht mit jedem sehenden Kollegen mithalten.
6. Die erfreuliche Tatsache, dass bestimmte ätherischer Öle – insbesondere Teebaumöle – noch innerhalb einiger Stunden nach der Massage oder Einreibung anhaltend milde Impulse an den Nervenendkörpern auslösen können, ist einer der Gründe für die dauerhafte Wirkung von Einreibungen und Massagen mit Teebaumölen.

Heilende Wirkung

Es gibt keine an sich heilenden Stoffe für unseren Körper in der Natur. Jeder Stoff, mit dem unser Körper in Berührung kommt, muss entweder zu körpereigenen Stoffen umgebaut oder vernichtet werden. Unserem Körper zugeführte Stoffe erfüllen deshalb drei lebenserhaltende Aufgaben.
1. Pflanzen liefern uns lebenswichtige Energie und Baumaterialien wie Kohlenhydrate, Fette, Eiweiße, Vitamine, Mineralien, Spurenelemente, Enzyme usw. Als Dampfdestillat des Pflanzensaftes enthalten Teebaumöle verständlicherweise kaum noch ernährungsphysiologisch relevante Mengen derartiger Stoffe.
2. Pflanzen liefern uns makromolekulare Strukturen. Damit sind genetische Baupläne gemeint, die als Vorlage für Reparatur- und Aufbauvorgänge im Körper verwendet werden können. Dies ist besonders bei gesunder und roher Nahrung der Fall. Aus diesem Grund verfüttern z.B. Landwirte mit Erfolg Hochgebirgsheu an kränkelnde Rinder. Teebaumöle vermitteln unserem Körper einen Strukturbauplan von hoher Widerstandskraft und Ausdauer.
3. Alle Pflanzen haben spezielle Schutzstoffe, meist in Form ätherischer Öle, mit denen sie Schädlinge abwehren oder sich vor dem Gefressenwerden im unreifen Zustand schützen. Diese Pflanzenschutzstoffe greifen das Lebensprinzip unseres

Ein Beispiel für die Anpassungsfähigkeit unseres Immunsystems: Während Kohlsorten, Zwiebeln, Bohnen oder Milch vielen Menschen unseres Kulturkreises Verdauungsprobleme bereiten, werden sie in jenen Regionen vertragen, wo sie Hauptnahrungsmittel sind.

Körpers an und »trainieren« dadurch natürlich seine Abwehrbereitschaft und -fähigkeit.

4. Diese hat unser Körper in Jahrtausenden im wehrhaften Umgang mit derartigen Stoffen erlernt. Lediglich bei einigen so genannten Giftpflanzen ist es ihm bisher noch nicht gelungen, gefährdende Substanzen unschädlich zu machen. Ist der Mensch allerdings aufgrund einseitiger Ernährungsvoraussetzungen auf bestimmte Pflanzen angewiesen, zeigt er stets eine ungewöhnliche Anpassungsfähigkeit.

5. Die Teebaumöle sind die Träger der Abwehrstoffe einer besonders widerstandsfähigen Pflanzenart. Deshalb töten sie eine Reihe auch für uns gefährlicher Krankheitserreger ab bzw. schwächen die Krankheitserreger derart, dass unser Körper leichtes Spiel mit ihnen hat. Zu viel Teebaumöl kann jedoch auch die für die Aufschließung unserer Nahrung wichtigen Bakterien im Darm schädigen. Gelangt Teebaumöl in größeren Mengen in die Blutbahn, so hemmt es die Aktivität unseres Abwehrsystems.

Der Schutz und die Stimulierung des Immunsystems rücken heute zunehmend in den Mittelpunkt der medizinischen Forschung: Die Naturheilkunde bietet dabei überzeugende Alternativen zum hemmungslosen Einsatz synthetischer Medikamente mit ihren häufig die Körperabwehr schädigenden Nebenwirkungen.

Immunstimulierung

Die immunstimulierende Komponente der Teebaumöle beruht auf der Vielzahl ihrer Einzelkomponenten. Die Mischung mit weiteren bewährten Ölen kann zusätzlich verstärkend wirken. Während durch die meisten der als immunstimulierend bezeichneten Pflanzen das Abwehrsystem nur aufgeweckt wird, scheinen einige der Inhaltsstoffe des Teebaumöls Krankheitserreger zu imitieren, sodass es zur vermehrten Bildung spezifischer Abwehrkörper gegen einige Infektionskrankheiten kommt.

Hier setzt zurzeit die aktuelle medizinische Forschung an. Es wird vermutet, dass die durch Viren hervorgerufenen Krebs- und Gefäßerkrankungen auf eine Teebaumöltherapie positiv ansprechen.

Resistenzbildung von Bakterien, Viren und Pilzen

Die Krankheitserreger lernen zunehmend, der Wirkung eines ursprünglich für sie lebensfeindlichen Stoffes zu widerstehen, bis sie selbst von Höchstdosen nicht mehr beeinflusst werden. Dies fällt ihnen umso schwerer, je mehr für sie feindliche Einzelwirkstoffe ein Desinfektionsmittel hat.

Während Antibiotika oder chemische Desinfektionsmittel nur aus wenigen Einzelstoffen zusammengesetzt werden, enthalten die Teebaumöle über 160 Einzelstoffe. Ölmischungen mit Teebaumölen können über 200 Einzelwirkstoffe enthalten.

Verdünnungen

Gegen einzelne Krankheitserreger wirkt das Teebaumöl noch in recht hoher Verdünnung. Untersuchungen weisen eine effektive Wirkung gegen bestimmte Bakterien noch bei Verdünnungen von 1:600 auf. Dies ist jedoch nur für den klinischen Einsatz relevant, bei dem der Erregertyp exakt im Labor bestimmt werden kann.

✳ Wenn wir das Teebaumöl zur Desinfektion einsetzen, z.B. von Wunden oder Gegenständen, dann folgt aus dem Gesagten, dass verdünntes Teebaumöl keine absolute Sicherheit bieten kann. Bei Mensch und Tier ist aber die Anregung der Immunabwehr wichtiger als die optimale lokale Desinfektion.

✳ Aufgrund der immunstimulierenden Wirkung erreichen wir häufig bei infizierten Wunden eine schnellere Heilung mit dem verdünnten Teebaumöl. Hoch dosierte Teebaumöle dagegen scheinen auf Wunden, die einen direkten Zugang zur Blutbahn gewähren, durch ihre Konzentration das Immunsystem zu überfordern.

✳ Bei inneren Erkrankungen erklärt sich die Wirkung des Teebaumöls durch seine besondere Art, das Immunsystem zu stimulieren und zu »trainieren«.

Die bakterizide Eigenschaft der Teebaumöle ist so stark ausgeprägt, dass sie noch in sehr hohen Verdünnungen bestimmte Krankheitserreger abtöten können. Aufs Ganze gesehen hat jedoch die Stimulierung des Immunsystems Vorrang vor der lokalen Desinfektion.

Anhang 2: Ätherische Öle im Überblick

Ätherische Öle beeinflussen Körper, Geist und Seele und die ihnen entsprechenden möglichen Beschwerden oder Krankheiten. Zwar entfalten die Teebaumöle allein schon ein beträchtliches linderndes und/oder heilendes Wirkungsspektrum, doch mit bestimmten anderen ätherischen Ölen als »Verbündeten« kann man deren Anwendungen noch gezielter ausrichten.

Die Sonderstellung der Teebaumöle in der Laienmedizin beruht auf ihrem einmalig günstigen Verhältnis zwischen erwünschten Heilwirkungen und unerwünschten Nebenwirkungen. Dennoch kommt den anderen, traditionell bekannten ätherischen Ölen – auch in Kombination mit den Teebaumölen – weiterhin ihre hergebrachte Bedeutung zu.

Teebaumöle

Australischer Teebaum, Tea-Tree (Melaleuca alternifolia)

Physische Anwendung: Akne, candidabedingte (Pilz) oder virale Darm- und Dickdarmentzündungen, candidabedingte Vaginitis, Durchblutungsstörungen, Entzündungen der Mundschleimhaut und des Zahnfleisches, Harnwegsentzündungen, fettige Haut, Herpes, rheumatische Beschwerden, Schmerzzustände, Wunden, Hautregeneration, Krebserkrankungen, Aids
Psychische Anwendung: Angst, Antriebslosigkeit, Erschöpfungszustände, Lustlosigkeit, Ermüdung, Unsicherheit

Cajeputteebaum (Melaleuca cajeputi)

Physische Anwendung: Atemwegsinfektionen, Hals-, Nasen- und Ohrenentzündungen, Blasenentzündungen, rheumatische Beschwerden, Nervenschmerzen, Muskelverspannungen, Hautprobleme (Akne, fettige, alternde Haut)
Psychische Anwendung: Konzentrationsschwierigkeiten, geistige Blockade, unklare Gedanken, Mutlosigkeit, Antriebslosigkeit, Ziellosigkeit, Traurigkeit

Kiefernnadel (Pinus sylvestris)

Physische Anwendung: Erkrankungen des rheumatischen Formenkreises, allgemeine Abgeschlagenheit

Psychische Anwendung: Niedergeschlagenheit, Traurigkeit

Manukateebaum (Leptospermum scoparium)

Physische Anwendung: Akne, Arthritis, Arthrose, bakterielle Infektionen, Bronchitis, gereizte und juckende Haut, Pilzerkrankungen (Candida albicans), rheumatische Beschwerden, Schuppenflechte

Psychische Anwendung: Nervosität, Unruhe, Reizüberflutung, Übererregbarkeit

Ersatzweise: Myrrhe (Commiphora molmol)

Kiefernnadelöl kann ersatzweise für Kanukateebaumöl verwendet werden. Hinsichtlich seines Gehaltes an schmerz- und entzündungslindernden Monoterpenen ist es den Teebaumölen sogar überlegen.

Myrrhe (Commiphora molmol)
Physische Anwendung: Mundschleimhautentzündungen, Atemwegserkrankungen, Verdauungsstörungen, Hämorrhoiden, Appetitmangel
Psychische Anwendung: Überreiztheit, Übererregung, Nervosität, innere Unruhe

Kanukateebaum (Kunzea ericoides)
Physische Anwendung: Geschwächte Abwehr, Akne, Bindegewebsschwäche, Bronchitis, schlecht heilende Haut, Krampfadern, Rekonvaleszenz, rheumatische Beschwerden
Psychische Anwendung: Angst, Lethargie (Antriebslosigkeit), Mutlosigkeit, Müdigkeit, Erschöpfung, Gefühlsschwankungen
Ersatzweise: Kiefernnadelöl (Pinus sylvestris)

Die einzelnen Teebaumöle sollten – obwohl miteinander verwandt – hinsichtlich ihrer spezifischen Wirkungen im körperlichen und seelischen Anwendungsbereich genau unterschieden werden.

Niaouliteebaum (Melaleuca viridiflora)
Physische Anwendung: Atemwegsinfektionen, Besenreiser, Hals-, Nasen- und Ohrenentzündungen, Hämorrhoiden, Krampfadern, schwaches Bindegewebe, Vaginalmykosen (Pilzbefall der Scheide), Strahlentherapie (zur Vorbeugung), Zahnfleischentzündungen (Abwehrsteigerung, Antiallergisierung, Gewebestraffung, Hautharmonisierung, Schleimlösung)
Psychische Anwendung: Angst, geistige Blockade, Konzentrationsschwierigkeiten, Ungleichgewicht, Erschöpfung, Traurigkeit, unklare Gedanken

Weitere Öle

Durch die sehr große Breitenwirksamkeit der Teebaumöle reduziert sich die Anzahl der für eine umfassende Therapie erforderlichen Öle. Die weiteren ausgewählten Öle entfalten gemeinsam mit den Teebaumölen ein äußerst kräftiges Wirkungsmuster. Dies gilt vor allem im keimfeindlichen und immunmodulierenden Bereich.

Deutsche Kamille (Matricaria chamomilla)
Physische Anwendung: Verbrennungen, Bindehautentzündung, Störungen des Magen-Darm-Trakts
Psychische Anwendung: Depressionen, Stress, Schlaflosigkeit

Geranium (Pelargonium graveolens)
Physische Anwendung: Schmerzen in der weiblichen Brust, Blutungen, Wundheilung, Vernarbung
Psychische Anwendung: Angst, Depressionen

Grüne Myrte (Myrtus communis)
Physische Anwendung: Muskelverspannungen, Schlaflosigkeit, Wundheilung, Hautstraffung
Psychische Anwendung: Gemütsschwankungen

Kriechender Ysop (Hyssopus officinalis var. decumbens)
Physische Anwendung: Asthma, Erkältungskrankheiten
Psychische Anwendung: Erschöpfung, Konzentrationsmangel

Lavendel (Lavandula officinalis)
Physische Anwendung: Verbrennungen, Juckreiz, feine Schnittwunden, infizierte Haarfollikel, Pickel, Mitesser, Akne
Psychische Anwendung: Depressionen, Überreiztheit

Majoran (Origanum majorana)
Physische Anwendung: Keuchhusten, akute Bronchitis, Asthma, Magen-Darm-Krämpfe, Bluthochdruck
Psychische Anwendung: Schlaflosigkeit, Unausgeglichenheit

Mastix (Pistacia lentiscus)
Physische Anwendung: Venen, Lymphgefäße, Hämorrhoiden
Psychische Anwendung: Verkrampfungen, Anspannung

Nutzen Sie zunächst die Wirkungen der einzelnen Teebaumöle in den angegebenen Anwendungsbereichen. Greifen Sie auf andere ätherische Öle als »Verstärker« erst zurück, wenn der erwünschte Effekt ausbleiben sollte.

Melisse (Melissa officinalis)
Physische Anwendung: Herpes, Kopfschmerzen
Psychische Anwendung: Nervosität, Verwirrtheit, Schock

Muskatellersalbei (Salvia sclarea)
Physische Anwendung: Prämenstruelles Syndrom (östrogenähnlich), ausbleibende Menstruation
Psychische Anwendung: Angst, sexuelle Unlust

Nelke (Eugenia caryophyllata)
Physische Anwendung: Virushepatitis, Amöbenbefall, Tuberkulose, Zahnschmerzen, Zahnfleischschwellungen
Psychische Anwendung: Konzentrationsschwäche, Erschöpfung

Palmarosa (Cymbopogon martinii)
Physische Anwendung: (Genitale) Infektionen
Psychische Anwendung: Sexuelle Unlust

Man kann es auch umgekehrt sehen: Bereits geringe Mengen anderer ätherischer Öle, die allein nie ausreichend gewirkt hätten, entfalten zusammen mit Teebaumölen deutlich größere Heilungskräfte.

Pfefferminze (Mentha piperita)
Physische Anwendung: Reisekrankheit, Übelkeit, nervöser Dickdarm (Colon irritable), Atemreinigung
Psychische Anwendung: Schlaflosigkeit, Verwirrtheit, Schock

Ravensara (Ravensare aromatica)
Physische Anwendung: Gürtelrose (Desinfizierung, Nervenstärkung, Kräftigung)
Psychische Anwendung: Erschöpfung, Schlaflosigkeit

Rosmarin (Rosmarinus officinalis)
Physische Anwendung: Nerven- und Muskelschmerzen, Atemwegserkrankungen, Gallenblasen- und Leberentzündung
Psychische Anwendung: Erschöpfung, Antriebslosigkeit

Salbei (Salvia officinalis)

Physische Anwendung: Zahnschmerzen, Mundschleimhautentzündung, Atemwegserkrankungen, Wundheilung

Psychische Anwendung: Angst, Nervosität

Strohblume (Helichrysum italicum)

Physische Anwendung: Entzündungen, Blutergüsse, Zellregeneration, Verkrampfungen, rheumatisch bedingte Schmerzen

Psychische Anwendung: Unruhe, Anspannung

Thymian (Thymus vulgaris)

Physische Anwendung: Chlamydien, Viren, Grippe, Bronchitis, Vaginitis, Zervizitis (Immunstimulierung), Regeneration der Leberzellen, Harnwegsinfektionen

Psychische Anwendung: Schwächezustände, sexuelle Unlust

Zimt (Cinnamomum ceylanicum)

Physische Anwendung: Infektionen, Blähungen, bakterielle Blaseninfektionen (nur innerlich, nicht bei Kindern)

Psychische Anwendung: Sexuelle Unlust

Zypresse (Cupressus sempervirens)

Physische Anwendung: Venen- und Lymphstauungen, Asthma

Psychische Anwendung: Unruhe, Gereiztheit

Das Öl des Salbeis wird betreffs seiner antiseptischen Eigenschaft ähnlich eingesetzt wie Teebaumöle. Allerdings ist es in hoher Dosierung toxisch und während der Schwangerschaft und Stillzeit kontraindiziert.

Anhang 3: Adressen für ätherische Öle

Ätherische Öle werden nicht selten »gestreckt« und in minderer Qualität zum Kauf angeboten. Die nebenstehenden Adressen verstehen sich als Orientierungshilfe im Dschungel der Geschäftemacher.

Deutschland

AMYRIS
Rose Eggert
Weinstraße 22
74343 Sachsenheim 5
Tel.: 07046/7539
Fax: 07046/7782

AYUS
Ätherische Öle
Naturrohstoffe
Weinstraße 60
77815 Bühl
Tel.: 07223/901382
Fax: 07223/901383

BLAUER PLANET OHG
Vers. lebensfreundl.
Produkte
An der Michaelis-
kirche 21
34346 Hannover-Münden
Tel.: 05545/1828
Fax: 05545/318

DUFT & SCHÖNHEIT
Sendlingerstraße 46
80331 München
Tel.: 089/2608259
Fax: 089/3543653

KOSMETIK KÜCHE
Margot Keppler
Schlossstraße 21, 72160 Horb
Tel.: 07483/91056
Fax: 07483/91057

LA BALANCE
I. Andres & Co. GmbH
Am Wolfgangsberg 5/1
88299 Leutkirch
Tel.: 07561/2352
Fax: 07561/6952

NEUMOND
Düfte der Natur
Mühlfelder Straße 70
82211 Herrsching
Tel.: 08152/8800
Fax: 08152/2211

PRIMAVERA life
Am Fichtenholz 5
87477 Sulzberg
Tel.: 08376/8080
Fax: 08376/80839

Rausche Helmut
Am Landpflegeheim 38
22549 Hamburg
Tel. und Fax: 040/805612

SONNENTAG
Schleifweg 3
69126 Heidelberg
Tel.: 0 62 21/30 13 20
Fax: 0 62 21/37 51 34

SPINNRAD GmbH
Am Luftschacht 3a
45886 Gelsenkirchen
Tel.: 02 09/170 00 0
Fax: 02 09/170 00 40

Österreich

AMBIENT PURE ÄTHERISCHE ÖLE
Lierzbergerweg 55
A-4040 Lichtenberg/Linz
Tel.: 00 43/72 39 58 42
Fax: 00 43/72 39 58 41

Bitto, Josef, Mag.
Linzer Straße 15
A-4614 Marchtrenk
Tel.: 00 43/74 35 45 60
Fax: 00 43/7 24 35 45 60

NATURGARTEN HANDELS GmbH
Hauptstraße 254
A-8462 Gamlitz
Tel.: 00 43/34 53 48 46 0
Fax: 00 43/34 53 47 76

Schweiz

BOLLWERKAPOTHEKE
Sarah Chohan
Bollwerk 15
CH-3000 Bern
Tel.: 00 41/31 31 17 31
Fax: 00 41/3 11 60 52

FARFALLA
Seefeldstraße 18
CH-8008 Zürich
Tel.: 00 41/12 61 77 01

HERBORISTERA
Lilly Bühlmann
Neuhauterring 1
CH-6030 Ebikon
Tel.: 00 41/4 40 41 42
Fax: 00 41/4 40 32 30

PHYTOMED
Armand Kilcher
CH-3415 Hasle
Tel.: 00 41/3 44 61 14 41

SANTISSA AG
CH-8915 Hausen
Tel.: 00 41/17 64 0 59 2
Fax: 00 41/17 64 05 68

Hochwertige ätherische Öle müssen bestimmten Qualitätsanforderungen genügen. Wenn Sie im Zweifel sind, ob Sie ein angebotenes Fläschchen kaufen sollen, schlagen Sie noch einmal auf Seite 23 nach, und memorieren Sie die entsprechenden Kriterien.

Impressum

Midena Verlag, Augsburg

Redaktion: Thomas May/ Michaela Mohr
Bildredaktion: Miriam Zöller/Jan von Lehmann
Umschlag: Michel Keller, unter Verwendung eines Fotos von Sascha Wuillemet
Layout: Christine Paxmann, München
DTP-Produktion: AVAK Publikationsdesign, München
Druck und Bindung: Franz Spiegel Buch GmbH, Ulm

Gedruckt auf chlorfrei gebleichtem Papier

Printed in Germany

ISBN 3-310-00434-1

Der Autor des Buches

Joachim H. Angerstein ist als Heilpraktiker und Psychotherapeut in eigener Praxis sowie in einer Naturheilklinik tätig. Er war Krankengymnast und lehrte an Berufsfachschulen für Massage, Krankengymnastik und Heilpraxis. Joachim H. Angerstein beschäftigt sich seit vielen Jahren mit alternativen Heilmethoden und veröffentlichte dazu verschiedene Artikel in Fachzeitschriften. Im Weltbild Verlag erschien sein Buch »Die Essig-Hausapotheke. Gesund leben und natürlich heilen mit Apfelessig, Kräuteressig & Co.«

Haftungsausschluss

Die Inhalte dieses Buches sind sorgfältig recherchiert und erarbeitet worden. Dennoch können weder Autor noch Verlag für alle Angaben im Buch eine Haftung übernehmen.

Die Deutsche Bibliothek – CIP Einheitsaufnahme

Joachim H. Angerstein
So heilen Teebaumöle/Joachim H. Angerstein
Augsburg: Midena, 1997
ISBN 3-310-00434-1

Bildnachweis

Bauregger, Heinrich (München): 2 (Frontispz), 9, 16, 24 (D. Fuchs); Kron, Jens (Augsburg): 108, 110; MEV Verlag GmbH: 28 (GEWA Fotodesign), 80 (Elke Zückert), 114 (Susanne Holzmann); Photopress Bildagentur GmbH, München: 21 (Krahmer), 25 (Dr. Köck), 113 (Apel), 117 (Rogler); 119 (Apel); Wuillemet, Sascha (München): 10, 12, 14, 30, 49, 56, 58, 62, 68, 75, 80, 85, 88, 92, 97, 105, 113; ZEFA Bildagentur Frankfurt: 42 (R. Gomez), 57 (J. Halaska)

Literatur

Angerstein, Joachim H.: Die Essig-Hausapotheke. Weltbild Verlag. Augsburg 1997
Braunschweig, Ruth von: Teebaum-Öle. Gräfe und Unzer Verlag. München 1996
Dikers, Detlev: Australisches Teebaumöl. Dr. Dirkers Verlag. Osnabrück 1996
Diedrich/Simons: Das Teebaumöl Praxisbuch. Scherz Verlag. Bern 1997
Schaenzler, Nicole/Joas, Anke: Infektionen natürlich behandeln mit Teebaumöl. W. Ludwig Buchverlag. München 1997
Werner, Monika: Ätherische Öle. Gräfe und Unzer Verlag. München 1993

Register

Register